ŒUVRES

DE

AUGUSTE BRIZEUX

ŒUVRES
DE
AUGUSTE BRIZEUX

HISTOIRES POÉTIQUES
LA POÉTIQUE NOUVELLE

DEUXIÈME PARTIE

PARIS
ALPHONSE LEMERRE, ÉDITEUR
27-31, PASSAGE CHOISEUL, 27-31

M DCCC LXXXIV

HISTOIRES POÉTIQUES

Histoires poétiques

LIVRE QUATRIÈME

Les Deux Proscrits

I

La trace de leurs pas vit encor sur la grève,
Le toit qui les couvrait sous les ornes s'élève,
Leurs nobles souvenirs ne sont pas effacés,
Leurs pensers font germer et grandir les pensers.

Liberté, quand ton vol descendit sur la terre,
L'homme en son cœur enfant te reçut, vierge austère.
Et toi, de ses instincts lui remettant le choix,
Tu brillas dans ses yeux, tu parlas dans sa voix.
Dès lors, noble au-dessus de toute créature,
Souverain de lui-même et roi de la nature,
Il inventa les arts, il bâtit la cité,
Il s'imposa des lois, filles de l'équité.
Si l'injuste est plus fort, brisant toutes ses chaînes,

Sur les rocs nuageux ombragés par les chênes,
Déesse, tu conduis tes chars indépendants ;
Le fusil sur l'épaule et le poignard aux dents,
Pour leur Dieu, leur foyer, pour leurs landes natales,
Ils mourront, ils tûront, rendant balles pour balles,
Et si la terre manque à leur pied libre et fier,
Solitude sans borne, il leur reste la mer,
Leurs flottantes maisons que recouvrent les voiles ;
Aux murmures des vents, aux lueurs des étoiles,
Là, tu suivras encor tes croyants, tes héros :
Dans l'orage le fort sait trouver le repos.

II

En ce temps, Liberté, tu désertais nos villes
Toutes rouges de sang ; sous les bois dans les îles,
Les derniers Girondins, échappés de prison,
Se cachaient ; Condorcet avait bu le poison !
Un d'eux, errant au fond de l'extrême Armorique,
Arriva sur le seuil d'une chapelle antique ;
Mais il s'enfuit, troublé par des chants dissolus :
L'homme n'a plus d'asile où Dieu n'habite plus.
Au tomber de la nuit, la mer tranquille et verte,
Devant ses pas lassés la mer était ouverte ;
Seul, debout sur la grève, il rêvait à son sort,
Quand des rochers voisins un prêtre, un vieillard sort ;
Puis un bateau, conduit par les anges peut-être,
Glisse entre les récifs pour recevoir le prêtre.
Aussitôt le proscrit : « Mon père, sauvez-moi !
— Entrez, mon fils ! Malheur à qui n'aime que soi ! »
Et les voilà voguant, et le prêtre et le sage :
La lune avec douceur éclairait leur visage.

III

O rochers de Penn-marh, Gleu-nant, sombres îlots,
Cap aimé de la mort, effroi des matelots,
C'est parmi vos écueils, que la barque fragile
Au large s'avançait; mais l'aviron agile
Faisait, par ce beau soir, jaillir des lames d'or,
Et la barque avançait, elle avançait encor.
Enfin, à l'horizon quand disparut la côte,
L'aviron s'arrêta sur la mer pleine et haute.
Là, vingt autres bateaux, bateaux durs et pesants,
Attendaient, et marins, pêcheurs et paysans,
Tous priaient en silence, assis près de leurs femmes
Lorsque vers son troupeau vint le pasteur des âmes,
Il dit en élevant sur eux son crucifix :
« Que la paix du Seigneur soit avec vous, mes fils! »

Rome, j'ai visité tes saintes catacombes,
Les autels des chrétiens primitifs et leurs tombes;
Sous la torche funèbre, un moine m'a conduit
Dans les détours sans fin de l'immense réduit,
Ce temple des martyrs où les enfants du Tibre,
Par Dieu régénérés, trouvaient une âme libre;
Ici, c'est en plein air que l'autel est dressé,
Par la houle et les vents incessamment bercé :
Beau temple universel élevé par Dieu même,
Que seul il peut orner, lui, l'artiste suprême,
De nuages flottants, voiles d'un jour trop pur,
Ou de mille flambeaux dans une nuit d'azur.

Le prêtre a revêtu l'aube sainte, il déploie
Ses ornements, tissus de fils d'or et de soie;

Le plus jeune pêcheur, au blond saint Jean pareil,
Sur sa base maintient le calice vermeil
Où la lune descend dans un rayon d'opale ;
L'encens fume, et ce chant de vingt barques s'exhale :
« Étoile de la mer, salut, Vierge ! » Et la mer,
Orgue immense, accompagne et fait monter dans l'air
Le cantique d'amour, sublimes harmonies
Qu'échangent lentement les plaines infinies.
Le mystère accompli sur l'onde et sous le ciel,
Ceux que devait nourrir le pain spirituel
S'en vinrent en ramant chercher le saint ciboire :
Sous les cheveux pendants et sous la mante noire,
Les lèvres s'avançaient, et tous, les yeux baissés,
Repartaient en chantant par d'autres remplacés...
Mais voici (du matin les blancheurs et les flammes
Conseillaient le départ et de hâter les rames)
Qu'une femme, au vieux prêtre offrant son nouveau-né,
Dit : « Faites-le chrétien ! » Et le prêtre incliné
Bénit l'onde salée, et de sa main ondoie
L'enfant que les parents regardent avec joie...
Ainsi, — vous l'attestez, foi du pays natal,
Grands souvenirs ! — le bien peut échapper au mal !
Le fer devient acier par l'onde et par la flamme !
Le corps se fortifie à la lutte, ainsi l'âme !
Sur le doute expirant revit la piété !
Sous le glaive ton front se dresse, ô Liberté !

IV

Et toi, muet témoin de ces scènes étranges,
Qui croyais voir entre eux communier les anges,
Poussé par la discorde à ces banquets d'amour,

Bientôt avec le prêtre en un calme séjour,
Proscrit, je te retrouve; et prêtre et patriote
Partagent le travail du bon fermier, leur hôte.
Le saint vieillard instruit les pâtres, les enfants;
Toi, versant le trésor de tes livres savants,
Tu dis les arts nouveaux, la nouvelle culture,
Et ta leçon paîra la sobre nourriture.
Qu'un mal à soulager vous appelle au dehors,
Vous voilà, médecins et de l'âme et du corps,
Déguisés tous les deux sous un habit rustique,
De partir; mais un bloc de roche granitique,
Une plante marine, un insecte inconnu,
Souvent fixent tes yeux : le vieillard ingénu,
Disciple en cheveux blancs, apprend, belle âme pure,
Par amour de son Dieu, l'amour de la nature;
Toi-même avec bonheur, comme un doux écolier,
Tu forces ton esprit superbe à se plier;
Tempérant ta raison, loin du monde sensible,
Tu suis l'inspirateur aux champs de l'invisible.
Dans ce qu'il faut comprendre avec le cœur et voir,
O fraternel accord de l'âme et du savoir!
Toi, proscrit du forum, et lui, de son église,
Le niveau du malheur tous deux vous égalise,
Vous avez su trouver, sous un chaume écarté,
La science pieuse avec la liberté;
Tous deux quand vous passez, la paix sur le visage,
Le sage a l'air d'un prêtre et le prêtre d'un sage.

Les Écoliers de Vannes

POÈME HÉROÏQUE

PREMIÈRE ÉPOQUE — 1815

I

Avril et mai.

Leurs livres à la main, sous le bras leurs cahiers,
De Vannes chaque jour sortaient les écoliers;
Comme si, dans ces mois de rêve et d'allégresse,
Ils voulaient au soleil déployer leur jeunesse,
Dans les prés lire Ovide, et, sous les buissons verts,
Aux appels des oiseaux répondre par des vers.
Mais les buissons cachaient des armes, les vallées
Par le seul maniment du fer étaient troublées;
Là, s'exerçant dans l'ombre à de prochains combats,
Les hardis écoliers devenaient des soldats;
Car celui dont les mains étaient pleines de guerre
De son île arrivait pour ébranler la terre.
Or, chez nous mille voix crièrent : « C'est assez !
Nos parents, nos amis déjà sont trépassés;
Leurs os semés partout feraient une montagne;
Nous, puisqu'il faut mourir, nous mourrons en Bretagne

Un soir (nulle clarté sur terre, nulle au ciel),
Dans une humble maison fut construit un autel,
Et, par de longs détours marchant vers cette église,
Tous vinrent se liguer pour leur grande entreprise.
Kellec au rendez-vous arriva le premier,
Vert comme un jeune pin et franc comme l'acier;
Puis les deux Nicolas, frères mélancoliques,
Qui semblaient entrevoir leurs tombeaux héroïques;
Flohic, aujourd'hui prêtre; Er-'Hor, le joyeux gars;
Et l'éloquent Riô, l'enfant de l'île d'Arz.
Oh! ce fut un moment religieux, mais triste,
Quand, revêtu de noir, grave séminariste,
Le Ben-vel s'écria : « Mes amis, à genoux!
Et prions pour les morts qui priront Dieu pour nous. »

La prière fut dite, et, l'âme plus tranquille,
Tous posèrent la main sur le saint Évangile;
Puis chacun prononça l'engagement fatal.
Lorsque après Colomban[1] vint le tour de Can-dal[2],
Les cœurs furent saisis d'une tristesse amère :
« Oh! Can-dal est trop jeune! oh! rendons-lui sa mère! »
Seul, Tiec le chanteur retint le noble enfant :
« Si chacun d'entre vous, comme moi, le défend,
Sans crainte il peut rester; s'il meurt, chacun le venge;
De grâce, mes amis, ne laissons pas notre ange! »

Et le barde entonna son chant lugubre et fort,
Ce chant qui fut bientôt étouffé par la mort :
« Sortez de vos dôl-men, nos pères les Vénètes,
Ombres qui gémissez encor sur vos défaites!

---

1. Tué à Auray. — 2. Mort de fatigue.

O pères, voici notre jour :
Combattez avec nous, César est de retour! » —

Ah! lui-même, César, bon juge en grand courage,
Salûrait, jeunes gens, tant de force à votre âge,
Lui qui, parlant aussi de vos pères chouans,
Appelait leurs combats *la guerre des géants*...
Cependant, jeunes clercs, et vous, soldats, aux armes!
Hélas! de toutes parts et du sang et des larmes!
L'Armorique pleurant ses fils qui ne sont plus;
La France, ses héros d'Arcole et de Fleurus!...

II

Le 10 juin.

Oh! j'aperçois les Blancs! La légion entière,
Marins et laboureurs, combat sur la rivière;
Au milieu de leurs rangs s'agite Cadou-dal;
L'œil sinistre et hagard, souvent le général
Se tourne vers la ville et regarde et demande
Si Gam-berr, le meunier, arrive avec sa bande :
Les chemins sont déserts, et déserts les sentiers.
Là-bas, sur un coteau tiennent les écoliers;
Mais leur poudre s'épuise, et, bravant la décharge,
Les Bleus, l'arme en avant, montent au pas de charge.
Au premier coup de feu tombe un des Nicolas.
Pleure, toi, son jumeau, qui dois le suivre, hélas!
Mais, leurs robes de chanvre à la hâte nouées,
Quel ange les conduit, ces femmes dévouées,
Hors d'haleine, apportant les balles que leur main
Fondait, durant la nuit, de leurs cuillers d'étain?
Courage, ô jeunes gens! sur ces hautes pelouses

Voici, derrière vous, vos futures épouses !
Vos mères, les voici debout à vos côtés !
Le pied sur votre sol, enfin, vous combattez !

O reine des Bretons, Liberté douce et fière,
As-tu donc sous le ciel une double bannière ?
En ces temps orageux j'aurais suivi tes pas
Où Cambronne mourait et ne se rendait pas :
Dans ces clercs, cependant, ton image est vivante ;
En chantant leurs combats, Liberté, je te chante !
Ils n'avaient plus qu'un choix, ces fils de paysans :
Ou prêtres ou soldats, — ils se sont faits chouans ;
Et leur pays les voit tombant sur les bruyères,
Sans grades, tous égaux, tous chrétiens et tous frères...
Hymnes médiateurs, éclatez, nobles chants !
Vanne aussi m'a nourri, mon nom est sur ses bancs :
J'ai nagé dans son port et chassé dans ses îles,
J'ai vu les vieux débris de ses guerres civiles,
Puis je connais le cloître où le moine Abeilard
Vers la libre pensée élevait son regard.
Planez sur les deux camps, ô voix médiatrices !
Baume des vers, couvrez toutes les cicatrices !

Ces enfants, accablés du poids de leurs fusils,
Ils partirent trois cents, combien reviendront-ils ?
Toujours une fumée entoure la colline,
Voile où la mort se cache et lâchement butine.
Barde !... ô dans la mêlée appel retentissant,
Bouche d'or, te voilà toute pleine de sang !
Maudite soit la main et maudite l'épée
Par qui du cygne blanc la gorge fut coupée !
Mais Gam-berr, mais le chef si longtemps attendu,

Il vient! comme Grouchy, lui ne s'est point perdu.
Ici, terreur soudaine; ici nouveaux carnages.
Dieu soit en aide aux Bleus! — O chouans! ô sauvages!
Sur ces pâles fuyards lancés comme des loups,
N'aurez-vous point pitié de chrétiens comme vous?
Voyez! pour effacer vos traces meurtrières,
Vos fils vont relevant ceux qu'abattent leurs pères!
Le sang de ce soldat couché dans les sillons,
Le doux Can-dal l'essuie avec ses cheveux blonds!
Ce soir dans Muzillac célébrez vos batailles,
Eux, ils entonneront le chant des funérailles:
Remplissez au banquet les verres jusqu'aux bords,
Dans la couche éternelle ils étendront les morts! —

Mais, durant ces trois mois de haines enflammées,
Dois-je aux traces de sang suivre les deux armées
Jusqu'au Champ-des-Martyrs, quand, le front dans sa main,
Gam-berr vaincu pleura sur le bord du chemin?

III

Le 30 juillet.

Un air joyeux circule autour des métairies :
Le foin remplit les cours, dans les grasses prairies
Les rires des faneurs partout sont entendus,
Et je vois les fusils aux foyers suspendus.

« Pour un jour de travail comme vous voilà belle!
Votre galant du bourg, voisine, vous appelle?
— Non, railleur! non, méchant! à Vannes je m'en vais
Ouïr une grand'messe en l'honneur de la paix.
Les prêtres ont dressé l'autel sur la garenne,

Et mon brave filleul, s'il faut qu'on vous l'apprenne,
Celui qui s'est battu pour vous durant trois mois,
De la main de son chef doit recevoir la croix.
— Oh! Dieu veille sur lui! c'est un brave dans l'âme.
Moi, je vais à mon pré. Gloire à vous, noble femme! »

Quelle folie! soldats, ouvriers et marchands,
Les hommes de la mer et les hommes des champs,
Et leurs filles aussi, sous les coiffes de neige,
Brillants comme des fleurs au milieu du cortège,
Fleurs de Loc-Maria, de Li-mûr, de Ban-gor;
Tous les prêtres enfin avec leurs chapes d'or;
Mais, silence! le diacre, à la main son calice,
Vient suivi de l'évêque et prépare l'office,
Vous, pieux assistants, à genoux! à genoux!
Et priez pour les morts qui priront Dieu pour vous.
Surtout, pontifes saints, point d'hymnes de victoire,
Mais dites en pleurant la messe expiatoire
De ces fureurs de sang par qui sont envahis
Les fils d'un même père et d'un même pays.
Puis ces jeunes vainqueurs, purifiés et calmes,
Aux marches de l'autel iront cueillir leurs palmes.

Hélas! loin de l'étude un moment attirés,
Combien du bruit des camps restèrent enivrés!
Comme les laboureurs au sol qui les fait vivre,
Presque tous cependant revinrent à leur livre :
Paré du ruban rouge, un d'eux, matin et soir,
Sur les bancs studieux fidèle vint s'asseoir;
Il déposa l'épée, il oublia ses grades
Pour lutter de science avec ses camarades,
Mais, en classe, toujours le ruban glorieux

Fixé sur son habit éblouissait leurs yeux :
Et quand l'enfant passait, souvent sa mère en larmes
A vu de vieux soldats qui lui portaient les armes.

IV

Ainsi, de l'avenir devançant l'équité,
Quand l'atroce clairon n'est plus seul écouté,
Pour nos fils j'expliquai ta dernière querelle,
Au joug des conquérants race toujours rebelle,
Qui portes dans tes yeux, ton cœur et ton esprit,
Le nom de Liberté par Dieu lui-même écrit.
Et cependant, pleurez, fiers partisans de Vanne !
Celle que nous suivions depuis la duchesse Anne
Dans le sang se noya ! Les noirs oiseaux du Nord
Volèrent par milliers autour de l'aigle mort :
Les corbeaux insultaient à cette grande proie,
Et dépeçaient sa chair avec des cris de joie !

SECONDE ÉPOQUE — 1835

I

Tes usages pieux, restes des anciens jours,
Bretagne, ô cher pays, tu les gardes toujours,
Et j'ai redit les mœurs et les travaux rustiques :
Oh ! si j'avais vécu dans tes âges antiques,
Lorsque, le fer en main, durant plus de mille ans,
Tu repoussais l'assaut des Saxons et des Franks,

Te levant chaque fois plus fière et plus hardie,
Toute rouge de sang et rouge d'incendie,
O grand Noménoé, Morvan, rivaux d'Arthur,
Maniant près de vous la claymore d'azur,
Quels chants j'aurais jetés dans l'ardente mêlée!
Toute gloire serait par la nôtre égalée.
J'ai la corde d'argent et la corde d'airain :
Mais il est pour le barde un maître souverain,
Le temps, qui fait la lyre ou paisible ou guerrière,
Et l'orne de lauriers ou de simple bruyère.
Je suis fils de la paix. Pour de récents combats
Si cependant mon âme a trouvé des éclats,
Comme nos vétérans, après ces jours de fièvres,
Chanteur, je n'aurai plus que douceur sur les lèvres.

II

Vingt ans se sont passés : un de ces écoliers
Que Vannes vit paraître armés sous les halliers
Pour combattre, eux enfants, mais aux cœurs déjà graves,
Celui qui revenait suivi de ses vieux braves;
Un de ces écoliers, sage prêtre aujourd'hui,
Vit aux bords de la Seine en son pieux réduit.
Le riant presbytère avoisine l'église;
Un jardin potager à peine les divise;
Là, regardant un fruit, aspirant une fleur,
Il va, sans être vu, de sa maison au chœur;
Pour chaque office il passe et repasse sans cesse;
Là, dans ce doux enclos, il attend la vieillesse.

Mais pourquoi ce matin, aux heures du sommeil,
Dans le bois d'alentour devancer le soleil?

L'oiseau n'a pas encor gazouillé sous la feuille,
Et lui, tout en marchant, il prie et se recueille ;
Faible et comme entraîné par quelque noir souci,
A ce vingt et un juin il va toujours ainsi...
C'est qu'il voit dans Auray courir sa bande armée,
Les Bleus viennent, l'on tire !... A travers la fumée
Un jeune homme, un enfant, au bout de son fusil
Tombe !... Hélas ! de sa main cet enfant périt-il ?
Le premier jour d'été, quand le monde est en joie,
Voilà de son enclos quel penser le renvoie,
Et comment il revient, tout poigné de remords,
Dire, pour sa victime, une messe des morts.

III

Dès l'aube, il errait donc ainsi sous la feuillée,
Lorsqu'avec des albums, parmi l'herbe mouillée,
Un peintre voyageur perdu dans son chemin
Arrive, et, faisant signe au prêtre de la main,
Demande s'il connaît sous le bois un passage
Vers certaine vallée, amour du paysage.
Puis, tous deux échangeant quelques saluts courtois,
Le pasteur, à son tour, demande si parfois
Les vallons de Bretagne ont vu passer l'artiste :
« Ce pays plaît au cœur comme une chose triste.
Qui peindra les aspects changeants de sa beauté ?
Des forêts à la mer, tout est variété :
Taillis, hameaux épars, landes, sombres rivages !
Partout l'âme y respire un parfum des vieux âges.
— Vous aimez la Bretagne, et moi, je l'aime aussi.
Ce lointain souvenir ne s'est point obscurci.
Dans un âge pourtant cher à celui qui tombe,

Sous les remparts d'Auray j'ai vu de près ma tombe.
— Dans Auray! dites-vous? Auray! Vous me troublez.
Je vis aussi ma tombe au lieu dont vous parlez!
— C'était dans les Cent-jours, j'étudiais à Rennes.
Ces temps vous sont connus, leurs discordes, leurs haines.
Le pays se soulève, on s'arme, nous partons.
Face à face bientôt nous voilà: tous Bretons.
Dans ce faubourg d'Auray je vois, je vois encore,
Moi, fédéré, portant le ruban tricolore,
Un chef des écoliers de Vanne, un ruban blanc:
Mon coup part, et soudain son coup me perce au flanc!
Plus que ma balle à moi cette balle était sûre.
Dieu sait combien de temps j'ai senti sa morsure! »

Et le prêtre: « O Seigneur! ô Vierge, il n'est pas mort!
Je dépose à la fin le fardeau du remord!
Je n'ai plus à marquer un sombre anniversaire!
Ma messe d'aujourd'hui n'est donc plus mortuaire!
Mutuels meurtriers, l'un l'autre embrassons-nous,
Et, tous les deux sauvés, fléchissons les genoux...
Puis venez à l'autel: devant le divin Maître
Arrivons en amis, et l'artiste et le prêtre. »

IV

Ensemble ils sont partis; mais au bruit de leurs pas,
Les bruits de leurs discours ne se mêleront pas,
Tant l'heureux dénoûment de ces terribles drames
D'émouvants souvenirs occupe encor leurs âmes.
L'autel, à leur entrée, était vêtu de deuil,
Dans la nef, au tréteau figurait un cercueil:
Tout ce deuil disparut; mais les lis du parterre,

Les roses tapissant les murs du presbytère,
Les feuillages légers, les plus riantes fleurs,
Dans les vases dorés unirent leurs couleurs.
Vêtu d'un ornement aussi blanc que la neige,
Le prêtre et son ami qui lui faisait cortége
Rentrèrent dans le chœur : un joyeux *Gloria*,
Sur lequel le pasteur avec force appuya,
Témoignait que la paix si longtemps attendue,
La paix à son esprit était enfin rendue,
Que de sombres pensers ne troublaient plus ses sens,
Et que son cœur brûlait comme un vase d'encens ;
Même des assistants, à voir ces airs de fêtes,
Souriaient, et la joie illuminait leurs têtes.
La messe terminée, entre les deux amis
Les longs épanchements furent enfin permis :
Une table dressée à l'ombre de la treille,
Où la fraise embaumait, où brillait la groseille,
Où le miel et la crème étalaient leur blancheur,
Les reçut : ô moments de calme et de fraîcheur !
Les prières aussi revinrent, les prières
Sont filles du bonheur autant que des misères ;
Heureux ou malheureux, l'homme s'adresse au ciel
Pour bénir le miel pur, pour écarter le fiel.

V

Toi, que ces vétérans de nos guerres civiles
Invoquaient, pour jamais habites-tu nos villes,
Belle vierge au front d'or paré de blonds épis ?
Les vents qui t'éloignaient se sont-ils assoupis ?
A peine tu parais, ô divine Concorde,
Le rival, pardonnant à son rival, l'aborde :

La main serre la main, le rire est dans les yeux ;
Viennent les amitiés et les amours joyeux ;
Le féroce armurier ne frappe plus l'enclume,
Pour le soc bienfaisant la forge se rallume ;
Au lieu des cris d'alarme et des tambours guerriers,
La place retentit du chant des ouvriers ;
La plus humble maison d'aisance s'environne,
Et l'art tresse au pays une noble couronne.

La Dame de la Grève [1]

1836

I

Comme, par maints détours et des ruses sans nombre,
Quand les jeunes oiseaux, seuls, reposent dans l'ombre,
La couleuvre se glisse, adroite, dans un nid,
Telle entra la servante en ce noble réduit.
Enfant, on l'appela menteuse, et dans son âme
Cent vices fourmillaient, nés du mensonge infâme :
Seul des vices humains il ne peut pas guérir,
Flétrit toute vertu simple et la fait mourir ;
Comme un reptile impur, s'il vient dans la fontaine
Où brillaient le cresson et des fleurs par centaine,
A vite corrompu le cristal argenté,
Les fleurs et le cresson qui donne la santé.
Le mensonge la fit ainsi lâche et traîtresse,
Jusqu'à tenter un clerc et vendre sa maîtresse ;

---

1. La paroisse d'Er-déven (ou de la Grève) est située en face de la presqu'île de Quiberon. Le comte de Bodéru, mari de l'héroïne de cette histoire, était, sous Charles X, pair de France et louvetier de Bretagne.

Mais enfin Dieu sonna l'heure du châtiment,
L'heure où le plus pervers s'accuse et se dément.

Mains jointes et pieds nus, dans ses larmes noyée
Se tenait cette femme au seuil agenouillée :
« Le Christ pria pour ceux qui le faisaient mourir,
Ne puis-je pardonner à qui m'a pu trahir?
Apaisez vos sanglots, relevez-vous, ma fille;
Vous avez votre place encor dans la famille. »
Et la dame, passant sous un long voile noir,
D'un pas ferme et tranquille entra dans son manoir.

II

Ce manoir, je l'ai vu, quand, sous le vent d'automne,
La feuille avec le sable au ciel gris tourbillonne,
Et, sous les feux de juin, quand l'aride sillon
Brûle et nous étourdit des refrains du grillon!
Près des flots, dans la plaine, et sans arbre et sans borne,
Au milieu des men-hîrs il surgit sombre et morne...
Le front tout en sueur, courbés sous votre sac,
Peintres qui visitez les géants de Carnac,
Prêtres en robe noire, et vous, graves poètes,
Dites, quand vous errez au pays des Vénètes,
Oh! ne sentez-vous pas, êtres doux et nerveux
Un frisson de terreur soulever vos cheveux?

Près de la grève immense et dans ce sanctuaire,
Aigle royal, la dame avait porté son aire.

III

Vannes, dont j'ai chanté les braves écoliers,
Dis-leur d'apprendre encor ce chant sous les halliers,
Dans les enfoncements des palus, sur les landes
Où leurs pères guerriers apparaissaient en bandes,
Et dans l'isthme où le sang ne séchera jamais,
La presqu'île funèbre, opprobre des Anglais !
Le roi Charle est tombé. Le vieux sol d'Armorique,
Rajeuni par l'effort d'une lutte héroïque,
Frémissait : des courriers arrivent dans Paris,
Comme si les chouans rassemblaient leurs débris.
Bientôt les cinq préfets mandent leurs secrétaires,
Et fermes et châteaux, manoirs et presbytères
Sont fouillés. Rome ainsi redoutait autrefois
Ce qu'elle avait nommé « Tumulte des Gaulois. »

La servante disait : « Clerc, j'ai lu dans votre âme :
Seule la pauvreté vous défend une femme ;
Mais le jour où ma dot brillera sous vos yeux,
Vous tiendrez à la terre et laisserez les cieux. »
Secrètement, le soir, elle écrivait à Vannes.

C'était une étrangère, ont dit les paysannes :
  « Car jamais Breton
  Ne fit trahison ! »
Notre proverbe ancien ne mentait pas encore.
D'où, pour faire le mal, venait-elle ? On l'ignore.

Voici que vingt chevaux, dès la pointe du jour,
Arrivent, galopant, sous les murs de la cour :

Le marteau retentit sur le portail de chêne,
Le dogue en aboyant a secoué sa chaîne,
Le clerc généreux s'arme, et journaliers, valets,
L'entourent, et soudain, à leurs coups de sifflets,
Les fourches, les fléaux, les faux à large lame
Des fermes accouraient, lorsque parut la dame ;
Elle-même poussa, robuste, les verrous,
Fit mouvoir la serrure, et dit : « Que voulez-vous ?
— J'ai des ordres. — C'est bien. » Et sans plaintes, sans larmes,
Elle apaisa ses gens et suivit les gendarmes.

Quel fut son haut maintien, quelle sa fermeté
Durant les jours amers de la captivité,
Je n'en parlerai pas : il n'est pays en France
Qui ne cite un grand cœur grandi par la souffrance,
Et depuis soixante ans il n'est cachots obscurs
Où des noms glorieux ne brillent sur les murs ;
Mais lorsque, de parents et d'amis entourée,
Dans son manoir antique elle fit sa rentrée,
Saluant de la voix, des yeux et de la main
Ses fidèles rangés sur les bords du chemin,
Quand, douce au repentir, elle oublia le crime,
Je veux suivre les pas de cette magnanime.

IV

Dans un coin du manoir, à tous les gens caché,
Cependant, la servante expiait son péché,
Car le clerc avait dit : « Vous vous trompiez, ô femme
Subtile et de mon cœur aviez mal vu la flamme !
Si j'étais sans amour, que m'importait votre or ?
Au ciel est mon épouse, au ciel est mon trésor.

Qu'il soit votre soutien dans cette passe affreuse.
Le malheur vous épure, espérez, malheureuse ! »

Voilà comme, arrivant sous un voile de deuil,
La dame vit, pleurant et pieds nus sur le seuil,
Cette fille coupable, et ne fut point sévère,
Mais se souvint des mots exhalés du Calvaire,
Et sur ce repentir, ce lugubre abandon,
Versa, comme le Christ, un sublime pardon.

Hélas! attendons-nous aux ruses des perfides,
Aux poisons du mensonge, aux lâchetés avides,
Et rendons, préparés à cet ordre fatal,
Pour l'absinthe le miel et le bien pour le mal;
Ou, si tant de vertu passe notre faiblesse,
Disons qu'à se venger un noble cœur se blesse :
A côté du méchant on passe sans le voir,
Et tranquille et superbe on rentre en son manoir.

L'Élégie de Malô Corret

> Le Premier Grenadier de France, l'auteur des *Origines Gauloises*, est enseveli, on le sait, près d'Ober-Hausen ; il y a quelque temps, le roi Louis, fondateur du Walhalla, ou Panthéon de Bavière, a fait ouvrir et réparer le tombeau de l'illustre Malô Corret de La Tour d'Auvergne. Sa ville natale lui élève une statue. *Journaux.*

I

Près du Rhin, à l'abri des cyprès et des saules,
Malô Corret repose, enfant des vieilles Gaules,
De la France nouvelle héroïque soldat ;
A sa gauche est encor son glaive de combat,
Et le second ami, toujours prêt à le suivre,
Dans la tente éternelle est déposé son livre.
Vole donc vers le Rhin, Esprit noir des regrets,
Vers la tombe où Corret dort parmi les cyprès !
Voici que son cercueil s'entr'ouvre, et le roi-barde
Sur le guerrier savant se penche et le regarde ;
Le roi Louis fait bien, car des chefs du Wal-hall
Le Premier Grenadier est le frère et l'égal.

Vole au delà du Rhin, Esprit plaintif et sombre,
Et verse à ces Germains agenouillés dans l'ombre,
Pour un respect si noble et tant de piété,
Le souffle de Corret, souffle de liberté!

II

Reviens, reviens, Esprit! aux flancs de la montagne,
Un artiste a taillé le granit de Bretagne,
Il apprête le bronze, et, dans son bourg natal,
Le héros va monter sur le haut piédestal;
Dis au sculpteur les traits enfermés dans la bière,
Et, comme s'il parlait, qu'on lise sur la pierre :

AU COMBAT GLAIVE D'ACIER.
LIVRE D'OR A MON FOYER.

Noble encouragement, bonheur, lorsqu'une ville,
Dans ses murs tout empreints de sa grandeur civile,
Sur le marbre ou l'airain, aux regards éblouis,
Fait surgir le portrait vivant d'un de ses fils!
Plus humble est la cité, plus rayonne l'image,
Plus le héros aimé renaît couvert d'hommage :
Il est, avec le saint, le protecteur des lieux,
Vers lui tendent sans cesse et les cœurs et les yeux.

III

O Corret! ô vrai Celte! homme plein de franchise!
Sur les soldats du Rhin, sur ceux de la Tamise
Tu courais comme un loup, ensuite tu rentrais
Comme un paisible agneau dans ta chère Carhaix;

Tu revenais soldat, sur le dos ton bagage,
Pauvre; mais lorsqu'un mot de notre vieux langage,
Un mot, sur ton chemin, résonnait tout à coup,
Corret, tes yeux brillaient, l'agneau devenait loup.
Sur la colline, hélas! ta demeure éternelle,
Tu n'entends plus parler la langue maternelle!
Et la brise du soir, ô muet grenadier,
Ne t'apporte jamais la fleur d'or du landier...
Pleure, ô pays d'Arvor! pleure, pays de France!
Ton Premier Grenadier tombe d'un coup de lance!
Il tombe noblement d'un coup de lance au cœur!
Voici que l'Allemand hurle et se croit vainqueur :
Mais un des vieux soldats dresse le héros pâle,
Le montre à l'ennemi : « Feu, Colonne-Infernale!
Feu! Vengeance! Tuons! » Sais-tu combien de morts,
Guerrier, furent jetés en monceau sur ton corps?...
Esprit noir, vers Corret va, par delà les Gaules,
Et sur lui fais pleurer les lauriers et les saules!

Chant ternaire

A Monsieur A. de Belloy.

I

Honneur à la foi!
Si tu crois,
Elle te fait roi.

II

Joie à l'espérance,
Qui s'avance
Chassant la souffrance!

III

Bonheur à l'amour
Sans détour!
Il vient: c'est le jour.

IV

Ah! plaignons l'impie!
Il expie
Bien cher sa folie.

V

Paix au désespoir,
Morne et noir,
Qui marche sans voir !

VI

Mais laissons sa peine
A la haine,
Laissons-lui sa peine !

Adieu

Comme tous ces chanteurs divins, mais désolés,
    Qui s'en vont pleurant et voilés,

Disant les grands forfaits, meurtre et poison infâme,
    Toutes les souillures de l'âme,

Ou mêlent, emportés par le vent des combats,
    Leurs hymnes aux cris des soldats,

J'ai vu le gouffre noir des souffrances humaines,
    Nos discords et toutes nos haines :

Mais sur mon front pensif, souvent épouvanté,
    J'ai remis la sérénité ;

A peine ai-je laissé s'exhaler dans les fièvres
    Un soupir mourant sur mes lèvres.

Dans mon cœur cependant vous savez, ô Pitié,
    Si votre culte est oublié !

Que sert, en la sondant, d'irriter notre plaie,
    Martyrs attachés sur la claie ?

Une fatale loi règne et pèse sur nous,
    Sentence d'un maître en courroux.

Oublions! Que l'oubli du mal nous en délivre.
    Vivons par tout ce qui fait vivre.

A la nature heureuse, à sa douce beauté
    Demandons et force et santé.

Concert des bois, vallons en fleurs, cristal des sources,
    Soyez nos charmantes ressources:

A nos sombres ennuis opposez-vous sans fin,
    O modèle calme et divin!

Et moi, dans les hameaux et les landes celtiques,
    Le chantre des choses rustiques,

Que plus d'un primitif appellerait son fils,
    S'il descendait dans nos taillis,

Vous me couronnerez, ô fleurs simples, mais fières,
    Parures fraîches des bruyères!

C'est mon rêve parfois... Mais en rêvant, Seigneur,
    A vous! le grand, le vrai bonheur.

4 Octobre 1851.

La Paix armée

CHANT PREMIER. — L'ENNEMI.

I

Dans l'Ouest, quand s'éveillait la tempête sauvage,
J'ai vu des voiles noirs s'étendre sur la mer,
Puis des sons précurseurs parcouraient le rivage ;
Tout s'ébranle aujourd'hui, le monde est à l'orage
Et d'imposantes voix ont résonné dans l'air.

II

De grands faits sortiront de ces grandes paroles,
Ceux qui savent penser, ceux-là peuvent agir :
Honte, au jour du combat, aux dissensions folles !
Kléber et Jeanne d'Arc, mêlez vos banderoles !
Quand le pays commande, à chacun d'obéir.

III

Les enfants de la Grande et Petite-Bretagne
Se verront alliés dans les prochains combats,
Et ceux de la Bourgogne et ceux de la Champagne,

Un seul penser, Anglais, Français, les accompagne,
Et vers le même but ils marchent tous soldats.

IV

Un monstre lentement a grandi sur la glace
Qui pour nous dévorer s'avance insidieux ;
Peuple des doux climats, avant qu'il nous enlace,
Nous aurons écrasé sa ruse et son audace :[1]
Lorsqu'un monstre surgit, il naît aussi des dieux.

V

Bien des fils vont pleurer, hélas! et bien des mères,
Et, seul, plus d'un vieillard à son feu s'assoira :
Aujourd'hui, grâce à Dieu, j'ai quitté nos chaumières,
Mes yeux ne verront plus ces angoisses amères,
Bien du sang va couler... et Moloch le boira.

VI

Debout, les bras tendus et les lèvres béantes,
Près du pôle, il attend ceux-là qui vont mourir :
Engraissez le géant de leurs chairs pantelantes!
De l'Europe et d'Asie, ô victimes sanglantes,
Moloch a faim... mourez, enfants, pour le nourrir!...

VII

Mais toi, l'Aigle vengeur, comme aux jours de conquête,
Vole à Stamboul! Tu sais la route du Kremlin ;
Devant toi les Balkans abaisseraient leur crête ;
Aigle Frank, va sans peur de l'Aigle à double tête ;
Un monstre n'est pas fort, jeune, il sent son déclin.

VIII

A l'Esprit de dompter la passion brutale,
Le Nord s'humilia sous le noble ascendant;
Que le savoir remonte à la source natale :
La lumière nous vient de l'onde orientale,
Renvoyez la lumière, onde de l'Occident!

IX

Et partout renaîtra l'ère des industries,
Des lettres et des arts, âge vraiment humain :
Aux barbares laissons leurs voraces furies;
Sous notre ciel clément, sur nos terres fleuries,
Nous, cultivons la Paix, mais le glaive à la main.

X

Oui, l'Esprit de douceur, la patronne sacrée,
Qui depuis quarante ans bénissait nos cantons,
Et les couvrait de fleurs et de moisson dorée,
La Paix nous reviendra, cette vierge adorée :
Paix, Gloire, Liberté, pour vous nous combattons!

28 Février 1854.

CHANT DEUXIÈME.—LE CHANT DE GUERRE.

De la rade de Brest au fond de la Baltique,
Qu'il résonne ce chant venu de l'Armorique,

Emporté par la voix de mille matelots,
Aux murmures des vents, aux hurlements des flots :
Les canons de la France et ceux de l'Angleterre
A travers tous ces bruits mêleront leur tonnerre.

I

Non, la Croix ne va point soutenir le Croissant !
Elle soutient le faible et combat le puissant :
    Chrétiens, en avant !

  Nous avons écrit sur notre bannière :
    Russie, en arrière !

II

Français, nous sommes nés pour les nobles combats,
Notre glaive défait et refait les États :
    En avant, soldats !

  Nous avons écrit sur notre bannière :
    Russie, en arrière !

III

Que les flots des deux mers, les flots noirs et sans freins,
Mêlent leurs grandes voix à nos mâles refrains !
    En avant, marins !

  Nous avons écrit sur notre bannière ;
    Russie, en arrière !

IV

Il faut traquer l'ours blanc jusque dans son glacier,
Devant l'homme fuira le hideux carnassier.
   En avant l'acier !

  Nous avons écrit sur notre bannière :
    Russie en arrière !

V

Entre l'homme et la bête, oh! c'est un grand duel !
Quand le brave succombe il renaît immortel :
   En avant !... au ciel !

  Nous avons écrit sur notre bannière :
    Russie, en arrière !

Des bassins de Toulon vole à la Corne-d'Or,
Chant de guerre, et plus loin, refrains, volez encor !
Que marins et soldats, abrités sous les voiles,
Vous entonnent joyeux aux clartés des étoiles ;
Armez pour les combats et les bras et les cœurs,
Puis rentrez dans nos ports, couronnés et vainqueurs !

  4 Mars.

CHANT TROISIÈME. — A L'ALLEMAGNE.

I

Quand la France guerrière et la Grande-Bretagne
Fièrement ont tiré le glaive du fourreau,

Où donc est ton épée, ô tardive Allemagne ?
La victime t'implore et tu vois le bourreau.

II

Il reviendra de l'Est tout repu de sa proie,
Sur tes membres épars plus tard il reviendra ;
A tes pleurs répondront des hurlements de joie :
Quel fer pour ta défense alors se lèvera ?

III

A l'ennemi commun ! — Hâte-toi de nous suivre !
Un cri de prévoyance éveille les esprits ;
Par des calculs d'un jour si tu cherches à vivre,
Dans ces filets trompeurs tes enfants seront pris.

IV

Tes bardes belliqueux, revêtant la cuirasse,
Combattirent les Franks dans leurs vers exaltés ;
Leur audace enflamma contre nous ton audace,
Pourtant de nos pensers viennent tes libertés.

V

Et tu restes muette en face des barbares,
Attendant le vainqueur pour passer sous sa loi !
« Une âme poétique avec des mains avares : »
Est-ce dans l'avenir ce qu'on dira de toi ?

VI

O lenteurs de vieillards ! Prudence molle et tiède !
L'élan rapide et fier seul prévient le danger.

A ton glaive, Allemagne! — Et toi, noble Suède,
Songe que Charles douze est encore à venger.

10 Mars.

CHANT QUATRIÈME. — LA JUSTICE.

Par ce vent âpre qui nous pousse,
La colère enfin monte à l'âme la plus douce;
Adieu la paix, les arts, le soin de son état,
Le bonheur d'épargner pour son fils, pour sa fille;
Adieu les rêves d'or pour l'humaine famille;
On s'endormit pasteur, on s'éveille soldat.

Au mal qui méconnaît toute voix juste et ferme,
Ton glaive ami du bien, Justice, met un terme :

Donc, en avant l'acier! Brille, ô glaive vengeur!
Que ta lame d'azur se teigne de rougeur!

Tel un monstre hideux amené par un rêve
Et qu'avec des cris sourds la poitrine soulève,

Tel du nord au midi, de l'est à l'occident,
Polype monstrueux, le colosse s'étend.

Des bords de la mer Noire aux bords de la mer Blanche
Des suçoirs, dont jamais l'âpre soif ne s'étanche,

Plongent; on sent peser des millions de bras,
Mais une tête, un cœur, le monstre n'en a pas...

Eh bien, sans nul souci du cœur et de la tête,
Tour à tour retranchons tous les bras de la bête!

Prends ta hache, ô Napier, ta hache, ô Parseval!
Héros de l'Orient, sus, sus à l'animal!

Quand les fers tomberont de chaque prisonnière,
Que la noble Pologne échappe la première :

Montre encor dans nos rangs, fille de Kosciusko,
Et ta lance légère et le léger shako!

Puis, à vous, Finlandais! à vous, ô Scandinaves!
Braves, signalez-vous dans les combats des braves.

Frappez, frappez encor! — Combien en reste-t-il?
A toi nous arrivons, héroïque Schamyl.

O prophète guerrier, prince de Circassie!
Non, le Nord n'aura point cette fleur de l'Asie.

La Chersonèse antique aux grands noms fabuleux,
Aux mystères profonds comme un ciel nébuleux,

Tranchera les longs fils qui l'attachent au centre :
Bien! — Le polype immense est réduit à son ventre,

Qu'il reste en ce milieu. — Nous, enfants des Gaulois,
Amis des nobles arts et des paisibles lois,

Du lot qui nous est fait sachons nous rendre dignes,
Fils d'un sol qui produit les lauriers et les vignes.

30 Juillet.

L'Élégie de la Bretagne

I

Silencieux men-hîrs, fantômes de la lande,
Avec crainte et respect dans l'ombre je vous vois!
Sur nous descend la nuit, la solitude est grande;
Parlons, ô noirs granits, des choses d'autrefois.

Quels bras vous ont dressés à l'occident des Gaules?
Géants, n'êtes-vous pas fils des anciens géants?
Une mousse blanchâtre entoure vos épaules,
Pareille à des cheveux nés depuis des mille ans.

Immobiles rêveurs, sur vos landes arides
Vous avez vu passer tous les hommes d'Arvor:
Dans leurs robes de lin les austères druides,
Les *brenn* étincelants avec leurs colliers d'or;

Puis les rois et les ducs sous leurs cottes de mailles,
Les ermites cachés à l'ombre des taillis,
Tous les saints de Léon, tous les saints de Cornouailles
Et du pays de Vanne et des autres pays.

De l'orgueilleux César à la Bonne Duchesse,
Sur les envahisseurs vous avez vu courir
Ceux dont la liberté fut la seule richesse,
Et qui, brisant leur joug, criaient : *Plutôt mourir !...*

Jours anciens, jours sacrés ! Alors, puissantes gardes,
S'élevaient de grands bois autour des grands châteaux ;
Les salles résonnaient aux voix mâles des bardes,
Et la voûte des bois aux concerts des oiseaux.

Les châteaux sont détruits et nue est la campagne,
Des chanteurs sans abri les accords ont cessé ;
L'ardent souffle s'éteint au cœur de la Bretagne,
Et partout l'intérêt jette un souffle glacé.

Sortez d'entre les morts, hommes des anciens âges !
Mettez en nous la force et les simples penchants !
Ah ! plutôt que vieillis, conservez-nous sauvages,
Comme aux jours où les cœurs s'animaient à vos chants !

Moi, je dévoue encore aux divines colères
Les profanations de cet âge insensé,
Avare destructeur des chênes séculaires
Et des sombres granits, ces témoins du passé !...

II

Ah ! le grand destructeur arrive ! Sous la nue
Une lourde vapeur annonce sa venue :

C'est un dragon de fer, un monstre aveugle et sourd,
Sans ailes, — ce dragon ne vole pas, il court ;

Sur son chemin uni roulant comme une meule,
Il va, plein d'un brasier qu'il vomit par sa gueule ;

Esclave obéissant, mais dans un brusque ennui,
Brûlant les insensés qu'il emporte après lui...

Ah! si tu veux garder pure ton étamine,
Aux plus profonds ravins cache-toi, blanche hermine!

Sur le chaume rustique et la tour du manoir,
Drapeau de nos aïeux, flotte encor, drapeau noir!

O race des Bretons, vouée à la souffrance,
Nous n'avions pas de mot pour dire l'espérance ;

Le dernier de nos jours penche vers son déclin :
Voici le dragon rouge annoncé par Merlin! —

Il vient, il a franchi les marches de Bretagne,
Traversant le vallon, éventrant la montagne,

Passant fleuves, étangs, comme un simple ruisseau,
Plus rapide nageur que la couleuvre d'eau :

Il a ses sifflements! Parfois le monstre aveugle
Est le taureau voilé dans l'arène et qui beugle ;

Quand s'apaise la mer, écoutez longuement
Venir sur le vent d'est le hideux beuglement!...

III

C'est le grand ennemi! Pour aplanir sa voie,
Men-hîrs longtemps debout, chênes, vous tomberez!

L'ingénieur vous marque et l'ouvrier vous broie :
Tombez aussi, tombez, ô cloîtres vénérés!

L'artiste couperait ses deux mains, nobles pierres,
Avant de mutiler ce qu'on ne refait pas;
Mais cloîtres et donjons, autels, sont des carrières
Pour ces froids constructeurs qui n'ont que leur compas.

De la tombe d'Arthur ils feraient une borne !
Ils n'ont plus de patrie, et l'argent est leur dieu;
L'usine leur sourit, — enfer d'un peuple morne,
Hébété par le bruit, desséché par le feu.

Adieu les vieilles mœurs, grâces de la chaumière,
Et l'idiome saint par le barde chanté,
Le costume brillant qui fait l'âme plus fière...
— L'utile a pour jamais exilé la beauté.

Terre, donne aujourd'hui tout ce que tu peux rendre !
Le laboureur n'est plus un ami, c'est un roi;
Sous l'ombrage en rêveur il n'ira plus s'étendre :
Le pur amour des champs, on ne l'a plus en soi.

Bientôt ils descendront dans les places des villes
Ceux qui sur les coteaux chantaient, gais chevriers,
Vendant leurs libres mains à des travaux serviles,
Villageois enlaidis vêtus en ouvriers...

O Dieu, qui nous créas ou guerriers ou poètes,
Sur la côte marins et pâtres dans les champs,
Sous les vils intérêts ne courbe pas nos têtes,
Ne fais pas des Bretons un peuple de marchands!

Nature, ô bonne mère, éloigne l'Industrie!
Sur ton sein laisse encor nos enfants s'appuyer!
En fabrique on voudrait changer la métairie :
Restez, sylphes des bois, gais lutins du foyer!

La Science a le front tout rayonnant de flammes,
Plus d'un fruit savoureux est tombé de ses mains :
Éclaire les esprits sans dessécher les âmes,
O bienfaitrice! Alors viens tracer nos chemins.

Pourtant ne vante plus tes campagnes de France!
J'ai vu, par l'avarice enr uyés et vieillis,
Des barbares sans foi, sans cœur, sans espérance,
Et l'amour m'inspirant, j'ai chanté mon pays.

Vingt ans je l'ai chanté! Mais si mon œuvre est vaine,
Si chez nous vient le mal que je fuyais ailleurs,
Mon âme montera, triste encor, mais sans haine,
Vers une autre Bretagne en des mondes meilleurs!

Journal rustique

TROISIÈME PARTIE

I

EN PASSANT A KER-BARZ
Village du Barde.

Jours anciens, jours sacrés ! tout autour des hameaux
De grands bois s'élevaient, sombres et nobles gardes :
Les grands bois résonnaient du concert des oiseaux,
  Les hameaux du concert des bardes !

II

UN VIEUX MÉNÉTRIER.

Toujours comme une fleur qu'on roule entre les dents
Il avait à la bouche un air des anciens temps :
Chanson, de ris moqueurs maintes fois accueillie,
Bizarre pour les uns, pour les autres vieillie.

Mais lui, qui sentait bien que d'une harpe d'or
Jaillit l'air pur que, seul, il murmurait encor,
Si leur rire éclatait, riant de ce blasphème,
Il allait à l'écart chanter et pour lui-même :
L'air aimé l'emportait dans un riant lointain ;
   Et même à son dernier festin,
   Hymne d'adieu touchant et grave,
   Salut à l'éternel matin,
Sur ses lèvres errait encor le chant suave.

III

LA VIE DE CAMPAGNE.

  Autour du cercle de l'année,
Mobiles et dansants, je laisse aller mes vers,
Qu'ils passent tout transis sous le vent des hivers
Ou des lilas d'avril la tête couronnée.
C'est, morose ou joyeuse, à l'air, dans les maisons,
La vie à la campagne en toutes les saisons.
Viendra l'automne pâle en rêvant inclinée...
L'été brille, courons dans les blés jaunissants !
Je laisse aller mes vers mobiles et dansants
  Autour du cercle de l'année.

IV

LES BUCHERONS.

Ils abattent les bois, ces fils du fleuve Izol,
Des antiques géants les corps jonchent le sol,
Las ! j'ai vu sous le fer et sous les bras robustes

Les grands arbres tomber ainsi que des arbustes.
O profanation ! forfaits ! siècle usurier !...
Puis, maudissant les chefs, j'admirais l'ouvrier.
Serrant le manche dur de toute sa poignée,
Un d'eux au flanc d'un hêtre enfonça la cognée;
Et le hêtre, fendu des branches jusqu'au tronc,
Éclata sous l'assaut du vaillant bûcheron.

V

PROMENADE.

Je veux errer encor dans ces belles prairies,
M'imprégnant de soleil, de lentes rêveries,
Regardant briller l'herbe et trembler le roseau,
Et l'oreille attentive à ce que dit l'oiseau :
Que le troupeau vaguant près du pâtre immobile,
L'aveugle sur la route agitant sa sébile,
Et les bruits de la ferme et la paix du hallier,
Le chevreau sur mes pas accourant familier,
M'attirent ! Dans tes bras, Nature, je me livre.
Sois amant à qui t'aime et montre-moi ton livre.

VI

UNE VISITE.

Un groupe emplissait l'âtre : à la main leur bâton,
Dix buveurs chevelus fumaient, parlaient breton,
Quand, la porte s'ouvrant de cette auberge sombre,
Un homme de la ville arrive, et moi, dans l'ombre
L'entrevoyant, vers lui je m'élance à grands cris !...

Brave cœur, pour me voir il venait de Paris.
Après ces doux instants, tous deux assis dans l'âtre,
Comme il tenait ses yeux ouverts sur chaque pâtre !
Fronts calmes, gestes vrais, parler simple et naïf,
Il avait devant lui le monde primitif.

VII

ALIZA.

Cette fleur, que jamais un de vous ne la cueille !
Au mois dernier, déjà s'ouvrait ce chèvrefeuille,
Aliza qui passait en rompit un rameau,
Et l'avait sur son cœur, en rentrant au hameau.
Elle mourut. La fleur sur son cœur fut laissée,
Et suivit au tombeau la vierge trépassée.
On dit que, pour revoir l'arbuste regretté,
Elle apparaît au lieu que, jeune, elle a quitté :
La vie a son secret, la mort a son mystère,
Pour une fleur peut-être on revient sur la terre.

VIII

FÉERIE.

Dans un champ druidique et dans un ravin noir
De la noble héritière on voyait le manoir,
Et goules et dragons tout cuirassés d'écailles,
Salamandres en feu s'élançant des murailles,
Paladins, l'arme au bras, défendaient ce castel,
Digne du vieux Merlin et du grand prince Hoël ;
Je vins et, détachant la mousse jaune et morte,

J'écrivis ces deux vers au-dessus de la porte :
  « La bonne fée en une nuit
  « De son aiguille m'a construit. »

O féerique manoir ! A la source prochaine
Une fille chantait, le soir, au pied d'un chêne,
Et d'un gosier si clair qu'il semblait d'un oiseau
Soupirant ses amours sur le bord du ruisseau,
De retour à la source, au lever de l'aurore,
J'ouïs une voix douce et qui chantait encore;
Je dis : « La belle enfant est là près du buisson,
Et, ses fuseaux en main, répète sa chanson... »
Eh ! non, ce n'était plus la fille jeune et blanche,
Mais un joyeux bouvreuil sautillant sur la branche.
« Ah ! me dit un berger, aux sentiers du manoir
Ne rôdez pas ainsi le matin et le soir !
Dans un cercle magique ici la châtelaine
File comme une fée et chante à perdre haleine.
Hélas ! ces froids cailloux autour d'elle rangés
Sont, dit-on, des amants que son art a changés.
Ne vous arrêtez pas près du Cercle-de-Pierres[1],
Ou l'amour par degrés troublera vos paupières;
La chanteuse prendra votre âme, et, sans pitié
Près d'elle vous tiendra morne et pétrifié. »

IX

A UN CLERC.

Ne t'en va plus ainsi pensif avec ton livre.
De la commune vie il est meilleur de vivre.

---

1. Sanctuaire druidique.

Crains les méchants, les sots. Je sais, près d'Elliant,
Un homme dont le sort bizarre est effrayant :
Pour écrire, sa main n'avait point son égale,
Eh bien ! il dut sortir de sa terre natale !
Le dimanche, on le voit, au bord du grand chemin,
Feuilletant un grimoire écrit sur parchemin ;
Et si quelque passant jette un sou dans sa boîte :
« C'est un sorcier ! » dit-il... et, vite, il tourne à droit

X

ÉLÉGIE.

Oh ! ne souhaitez pas un trop long avenir,
Si tout votre bonheur est de vous souvenir,

Si le riant avril vous plaît seul dans l'année,
Et le frais du matin dans toute la journée,

Et si vers ces instants ineffables et courts
Sans fin vous ramenez votre âme et vos discours :

Dès l'aube bien souvent la fleur tombe épuisée,
Les premiers feux du jour en ont bu la rosée...

Oh ! ne souhaitez pas un trop long avenir,
Si tout votre bonheur est de vous souvenir !

XI

JOIES.

Moi, dont l'âme comprend toute chose naïve,
Un rire, un frais tableau, presque un rien me ravive.

Hier, l'aveugle passait, guidé par son enfant,
Et, ne pouvant le voir, il l'embrassait souvent.

Juin étalait, ce soir, au marché ses corbeilles,
Où sur les fruits dorés brillaient les fleurs vermeilles.

Dormons au chant plaintif du rossignol lointain :
Demain, éveillez-moi, gais oiseaux du matin.

Calme heureux! par pitié ne troublez pas ma veine,
Et ne me donnez pas ce noir tourment, la haine.

XII

INSCRIPTIONS.

« Lire des vers touchants, les lire d'un cœur pur,
C'est prier, c'est pleurer, et le mal est moins dur. »
Est-il vrai, Sainte-Beuve? au livre de MARIE,
Près d'être feuilleté par une main chérie,
Vous inscriviez ces mots! Et moi, lisant vos vers,
J'avais le cœur joyeux et mes yeux étaient fiers...
Et voici qu'à mon tour j'ai mis sur votre livre
Ces rimes que Primel, le bon chanteur, me livre :
« L'abeille aux fleurs des prés va puiser sa liqueur,
Son miel d'or, il le puise au calice du cœur. »

XIII

LES BATTEURS DE BLÉ.

« Allons, seigneur, allons! malgré vos mains si blanches,
Prenez un des fléaux pendus là dans les branches,

De sueur, comme nous, venez mouiller le grain,
Pour y songer ce soir, en mangeant votre pain. »
J'obéis, et mes coups cadencés avec règle
Des épis bondissants firent jaillir le seigle.
Puis, m'éloignant : « Ce soir, regardez ma maison,
Pour ranimer vos cœurs je fais une chanson ;
Ma lampe vous dira quelle peine réclame
Mon pain mystérieux, mon pain qui nourrit l'âme. »

XIV

DE RETOUR A KER-BARZ.

Lieux sacrés, entendez mes pas,
O fontaine, ô colline, ô demeure du barde!
Où superbe il marchait, humble je me hasarde,
Où sa harpe éclatait, mon cœur chante tout bas.
Et ses vers et son nom dorment sous un nuage,
Seul, pèlerin pieux, je cherche son village.
O vestige de gloire à jamais effacé!
Un autre viendra-t-il du moins vers ma colline?
Boira-t-il à la source où ma lèvre s'incline?
  Passera-t-il où j'ai passé?

XV

A AUGUSTE ARGONNE.

Tes vers me suivent dans les blés ;
Je les ai dits à l'alouette,
Et la mésange les répète
Aux petits près d'elle assemblés.

D'une douce et sainte manie
Pourtant crains d'exciter l'essor,
Et, l'esclave de ton génie,
D'user en stérile harmonie
Des jours plus stériles encor.

Les muses, ces autres sirènes,
M'ont séduit à leur chant trompeur ;
Toi, mieux instruit par mon erreur,
Dédaigne leurs promesses vaines
Et marche vers un but meilleur.

C'est assez, découvrant leur trace
Et leur chœur sacré dans les bois,
De prouver un jour qu'avec grâce
La lyre frémit sous nos doigts :

A la forme pure, à l'Idée
Les yeux de l'âme sont ouverts ;
Vibrante, elle s'est accordée
Sur tous les sons de l'univers.

Dès lors, sous un grave silence,
Oh ! qu'il est mieux de la régir !
Dans le monde où je te devance
Malheureux qui rêve ou qui pense,
Heureux celui qui sait agir !...

Ainsi je t'écris, ô poète !
Puis je vais redisant tes vers
Au rouge-gorge, à l'alouette
Qui les répandent dans les airs :

Va! retourne à tes doux concerts,
Et sans froids calculs, sans réserve,
Dans leur libre élan suis la verve
De tes jours fleurissants et verts!

XVI

SUR UN LIVRE DE MESSE.

Lorsque, ce livre en main, tu priras le dimanche,
Pense à ton fils absent et prie un peu pour moi.
Toi, belle âme, ô cœur pur d'où la bonté s'épanche,
    T'abritant de leur aile blanche,
Tous les anges du ciel doivent prier pour toi.

LIVRE CINQUIÈME

Les Celtes
(D'après Élien.)

Des orgueilleux Titans que le ciel mit en cendre
Les Celtes nos aïeux se vantaient de descendre.
Entre mille récits naïfs et merveilleux,
Voici comme un ancien parle de nos aïeux :

Pour aimer les dangers, quel peuple vaut les Celtes?
Guerriers aux cheveux d'or sur des corps blancs et sveltes,
De feuilles couronnés, ils marchent aux combats,
Et leurs morts glorieux ils ne les pleurent pas;
Mais sous les chênes noirs et les rouges bruyères,
Sauvages monuments, ils leur dressent des pierres,
Et la harpe vibrant, ô bardes! sous vos doigts,
La harpe aux chants d'airain célèbre leurs exploits.
La fuite, disent-ils, traîne après soi la honte :
Or, vers un tel orgueil leur audace les monte
Que sous leur toit qui croule et sur eux va tomber
Ils sortent lentement, sans jamais s'échapper;

Même quand leur maison, effroyable bravoure!
Brûle, et qu'en rugissant la flamme les entoure,
Ils traversent sans peur l'élément furieux,
Impassibles mortels, semblables à des dieux...
Plusieurs devant la mer qui monte sur la grève
Demeurent, on en voit qui saisissent leur glaive
Et fondent sur les flots comme pour les dompter,
Les blesser de leur arme ou les épouvanter.

Délire... mais superbe et cher aux grandes âmes!
O géants de Moscou qui mouriez dans les flammes!
Sous le ciel africain, ô jeunes combattants!
Vous êtes bien les fils des Celtes, des Titans!

Le Combat de Lez-Breiz

(Traduit du Barzaz-Breiz.)

IXe SIÈCLE

I

Bonheur de revivre aux temps primitifs,
D'écouter leurs chants joyeux ou plaintifs,

Les chants glorieux que le peuple encor
Conserve en son cœur, fidèle trésor !

J'en veux traduire un... Guerriers d'autrefois,
De vos tertres verts sortez à ma voix.

II

Entre deux seigneurs, un Frank, un Breton,
S'apprête un combat, combat de renom.

Du pays breton Leiz-Breiz est l'appui,
Que Dieu le soutienne et marche avec lui !

Le seigneur Lez-Breiz, le bon chevalier,
Éveille un matin son jeune écuyer :

« Page, éveille-toi, car le ciel est clair;
Page, apprête-moi mon casque de fer.

Ma lance d'acier, il faut la fourbir,
Dans le corps des Franks je veux la rougir.

— Maître, vous avez mon cœur et ma foi;
A cette rencontre irez-vous sans moi?

— Que dirait ta mère, enfant sans raison,
Si je revenais seul vers sa maison?

Si ton corps restait au milieu des morts,
Ta mère viendrait mourir sur ton corps.

— Maître, au nom du ciel, maître, parlez bas,
Et marchons tous deux à vos grands combats.

Moi, des guerriers franks je n'ai nulle peur:
Dur est mon acier et dur est mon cœur.

Maître, où vous irez avec vous j'irai.
Où vous combattrez, moi, je combattrai. »

III

Le seigneur Lez-Breiz, des Bretons l'appui,
Allait au combat, son page avec lui.

Passant à l'Armor, tout près du saint lieu,
Il voulut entrer et prier un peu:

« Quand je vins chez vous, sainte Anne d'Armor
La première fois j'étais jeune encor,

Avais-je vingt ans ? Je ne le crois pas :
Pourtant j'avais vu plus de vingt combats,

Combats où mon bras fit bien son devoir,
Mais gagnés surtout par votre pouvoir.

Si dans mon pays sans mal je reviens,
Mère, vous aurez part dans tous mes biens.

Un cordon de cire épais de trois doigts
Autour de vos murs tournera trois fois.

Dame, vous aurez, pour prix de mes jours,
Robe de brocart, manteau de velours.

Vous aurez aussi bannière en satin
Avec un support d'ivoire et d'étain.

Sept cloches d'argent sur votre beau front,
Le jour et la nuit, gaîment sonneront.

Puis j'irai trois fois remplir à genoux
Votre bénitier : Mère, entendez-vous ?

— Chevalier Lez-Breiz, va combattre, va !
Ton rival est fort, mais je serai là. »

IV

« J'aperçois Lez-Breiz, suivi de ses gens,
Bataillon nombreux armé jusqu'aux dents.

Bon ! un âne blanc est son destrier,
Beau licol de chanvre et même étrier.

Il a pour escorte un page, un enfant ;
Mais ce nain, dit-on, vaut presque un géant.

— J'aperçois Lorgnèz suivi de ses gens,
Bataillon nombreux armé jusqu'aux dents.

J'aperçois Lorgnèz tout cuirassé d'or,
Ils sont dix et dix, dix autres encor.

Maître, les voilà près du châtaignier,
Contre eux nous aurons grand'peine à gagner.

— Quand j'aurai sur eux étendu mon bras,
Alors sur le pré tu les compteras.

Que ton bouclier sur mon bouclier
Sonne! puis marchons, mon jeune écuyer. »

V

« Hé! bonjour à toi, chevalier Lez-Breiz!
— Hé! bonjour a toi, chevalier Lorgnèz!

— Par l'ordre du roi, mon prince et seigneur,
Je viens t'arracher la vie et l'honneur.

— Chevalier Lorgnèz, retourne à ton roi :
De lui j'ai souci tout comme de toi.

Retourne à Paris, il est temps encor,
Montrer dans les bals ta cuirasse d'or ;

Sinon, chevalier, je rendrai ton sang
Froid comme la pierre ou l'eau de l'étang.

— Chevalier Lez-Breiz, au fond de quel bois
As-tu vu le jour, chevalier courtois?

Mon dernier valet, hobereau si fier,
Fera bien sauter ton casque de fer. »

A ces mots, Lez-Breiz tira vers le ciel
Son glaive d'acier, comme saint Michel.

« Le nom de mon père, on ne le sait pas?
Eh bien, moi, son fils, tu me connaîtras! »

VI

« Page, où courez-vous à travers le champ?
Vos bras sont couverts de fange et de sang.

Dans mon ermitage il faut vous laver.
— Je cherche une source, où donc la trouver?

Je cherche de l'eau pour mon doux seigneur
Brisé de fatigue et tout en sueur.

Treize combattants tombés sous ses coups!
L'insolent Lorgnèz le premier de tous.

Treize autres guerriers sont tombés sous moi,
Et le reste a fui tout pâle d'effroi. »

VII

Il n'eût pas été Breton dans son cœur
Qui n'aurait point ri d'un rire vainqueur,

A voir les gazons, en mai reverdis,
Tout rouges du sang de ces Franks maudits.

Lez-Breiz sur leurs corps s'en vient s'accouder
Et se délassait à les regarder.

Il n'eût pas été chrétien dans son cœur
Qui n'eût, ce soir-là, pleuré de bonheur,

En voyant Lez-Breiz seul agenouillé,
Devant lui l'autel de larmes mouillé;

En voyant Lez-Breiz sur ses deux genoux,
Lui guerrier si fier et chrétien si doux :

« O mère sainte Anne, ô reine d'Armor,
Pour moi dans ce jour vous étiez encor!

Voyez à vos pieds votre serviteur :
A vous la vitoire, à vous tout l'honneur! »

VIII

Pour le souvenir d'un combat si grand,
Un barde guerrier a rimé ce chant :

Que dans l'avenir il soit répété!
Que ton nom, Lez-Breiz, partout soit chanté!

Allez donc, mes vers, dans tous les cantons
Et semez la joie aux cœurs des Bretons!

La Lampe de Tullie

I

Belle voie Appienne, ô route des tombeaux !
Sous le brûlant soleil, et la nuit, aux flambeaux,
Quel pieux voyageur aux campagnes latines
N'est venu lentement errer dans tes ruines,
Ou de loin, sous les pins d'une sombre villa,
N'a salué la tour blanche de Métella ?
Moi-même j'ai souvent rêvé sous tes décombres ;
Mais mon pied attentif n'y troubla point les ombres.
Plus d'un pâtre m'a vu dans l'herbe agenouillé ;
Mon bâton n'a jamais sous les marbres fouillé.
Aux curieux malheur, et malheur aux avares,
Cent fois plus que les Huns, les Vandales barbares !
Les morts ne peuvent plus sommeiller en repos ;
On disperse leur cendre, on emporte leurs os.
Les ornements sacrés des chambres sépulcrales,
Leurs lampes, leurs trépieds, les urnes lacrymales,
Vont se suspendre aux murs de grossiers amateurs.
Les héros sont en proie à des profanateurs.
Rome fait un musée avec ses catacombes,
Même mon vieux pays perd le respect des tombes :

Des nains sous les men-hîrs volent, guerriers d'Arvor,
Vos haches de silex et vos bracelets d'or !

II

Ces crimes sont anciens. Quand, pontife suprême,
Sixte Quatre portait le triple diadème,
Dans la nuit, un savant du collège romain
Suivait, noble Appius, ton antique chemin.
Deux serviteurs, vêtus comme lui d'une robe
Dont l'immense capuce aux regards les dérobe,
L'escortaient. Arrivé non loin de Métella,
Le vieillard s'arrêtant dit aux jeunes : « C'est là ! »
Et leurs pieux, leurs leviers brisèrent avec rage
Le dur ciment romain encor durci par l'âge.
Un marbre se leva sous leurs triples efforts.
Eux, comme des larrons, dans ce palais des morts
D'entrer !... Sous la lueur d'une lampe d'opale
Une femme dormait calme, élégante et pâle,
Des roses à la main et souriante encor,
Et ses longs cheveux noirs ornés d'un réseau d'or.
Sur la couche d'ivoire artistement polie
Étaient gravés ces mots : *A ma fille Tullie.*
Le vieillard défaillit à ce glorieux nom :
« Fille de Tullius ! amour de Cicéron ! »
Il sentait près de lui l'ombre de ce grand homme,
Dans la morte il voyait le symbole de Rome.

III

Après quinze cents ans, oui, dame, c'était vous
A l'heure de donner un fils à votre époux,

La mort vint menaçante, et votre illustre père
Voyait fuir avec vous son étoile prospère.
Les plus savants de Cos arrivent à sa voix.
Puis, mandant un exprès au pays des Gaulois :
« Bon Divitiacus, pontife des druides,
A la vie, à la mort, ô sage tu présides !
Tu lis dans les secrets du temple de Bangor;
La nature t'ouvrit son magique trésor;
Tu sais l'herbe vitale et la plante mortelle...
Or ma fille se meurt, et je meurs avec elle !
Hôte de Cicéron, noble ami de César,
A ton enclos royal est un rapide char,
Hâte-toi : l'Apennin est encor blanc de neige,
Mais l'homme bienfaisant, un esprit le protège.
O mage ! ô saint druide ! ô grand chef éduen !
Tout le savoir des Grecs pâlit devant le tien ! »

L'enchanteur se hâta, mais déjà sous la porte
La fille du consul, Tullia, gisait morte.

IV

Aux bois de Tusculum, près d'un antre isolé,
Avec son livre errait le père désolé :
« O fille vertueuse ! ô femme de génie !
La mort ne t'aura pas tout entière bannie !
Le marbre de Paros et l'art athénien
Garderont ton beau nom immortel près du mien.
Le sanctuaire pur que mon amour te dresse
Aux regards des Romains va te faire déesse ;
Quand le passant lira : *Tulliolæ meæ*,
Un nouveau signe au ciel pour toi sera créé. »

Le prêtre respecta ces éloquentes larmes,
Mais Tullia semblait vivante par des charmes :
Enfin, le monument superbe étant construit,
L'archidruide seul s'y renferma la nuit ;
La morte, il l'étendit sur la couche d'ivoire,
Couvrit d'un réseau d'or sa chevelure noire,
Et suspendit brillante au funèbre séjour
La lampe qui ne meurt jamais comme l'amour...
Elle vivrait encor, ô vieillard sacrilége,
Savant, si tu n'étais sorti de ton collége !
Mais tu touchais à peine à ce corps surhumain,
Qu'en poussière il tombait indigné sous ta main !
Et par l'art des Gaulois cette lampe allumée
Sous tes yeux indiscrets s'exhalait en fumée.

V

Antiquaires, respect à ma tombe ! Pourquoi
Troubler qui ne peut rien emporter avec soi,
Hors quelques vers écrits dans le dernier délire ?
Le poète aujourd'hui n'a plus même une lyre...
Il chante cependant ! Loyal dispensateur,
Son vers sacre le bon, flétrit le malfaiteur :
O vers ! soyez bénis, vers trempés dans nos larmes !
Arme noble et puissante entre toutes les armes,
Belle arme protectrice, aux champs, dans la cité,
Je te porte toujours vibrante à mon côté !

Le Barde Rî-Wall

IIIᵉ SIÈCLE

Des temps qui ne sont plus écoutez une histoire.
Les méchants ont parfois leur châtiment notoire :
Tel le barde Rî-Wall. Depuis quinze cents ans,
Sa mort fait chaque hiver rire nos paysans
Lorsque le vent du soir au dehors se déchaîne
Et qu'au fond du foyer brille un grand feu de chêne.

Quand Rî-Wall le rimeur disparut tout à coup
Dans la fosse où déjà s'était pris un vieux loup,
Devant ces blanches dents, devant ces yeux de braise,
Le barde au pied boiteux n'était guère à son aise.

Lui qui raillait toujours, certe il ne raillait plus ;
Et dans son coin le loup tout piteux et confus,
Ses poils bruns hérissés et sa langue bavante,
Épouvanté, tâchait d'inspirer l'épouvante.

Tous deux se regardaient : « Hélas ! pensait Rî-Wall,
Avec ce compagnon il doit m'arriver mal !
Et ce mal, juste ciel, vient sur moi par votre ordre !
Oui, je serai mordu, moi toujours prêt à mordre :

« Que j'échappe, et je prends la douceur des ramiers !
Sur les galants balcons, sur les nobles cimiers,
Je roucoule ! et mes chants, lais, virelais, ballades,
Plus que tes vers mielleux, ô Roz-Venn, seront fades. »

Même ici son humeur maligne le poussait.
Mais le loup lentement, lentement avançait :
Ri-Wall sentait déjà son haleine de flamme,
Et point d'arme, grands dieux ! un bâton, une lame !...

Une arme qu'un nœud d'or suspendait à son cou,
Le barde l'entendit résonner tout à coup :
La harpe dont la voix peut adoucir les bêtes,
Éteindre l'incendie et calmer les tempêtes !

« Toi qui dans son palais fis trembler plus d'un roi,
O harpe redoutable ! ô mère de l'effroi !
Ici, fais sans aigreur sonner ta triple corde :
Harpe sois aujourd'hui mère de la concorde ! »

Et du son le plus clair d'un doigt léger tiré,
La harpe obéissante a doucement vibré,
Et toujours murmuraient les notes argentines
Comme au matin la brise entre des églantines ;

Et la bête, soumise au charme caressant,
Recule, puis se couche et clôt ses yeux de sang ;
Mais qu'un instant la harpe elle-même sommeille,
La bête menaçante en sursaut se réveille.

Alors le malheureux jette un peu de son pain
Au monstre dont les dents s'allongent par la faim ;
Puis il reprend son arme, et l'instrument sonore
Sous les savantes mains de s'animer encore.

Ainsi durant trois jours, ainsi durant trois nuits.
Des pâtres attirés par ces étranges bruits,
Et les serfs, les seigneurs, des clercs, plus d'une dame
Que le malin rimeur avait blessés dans l'âme,

Sur la fosse penchés, disaient : « Salut, Rî-Wall!
Lequel sera mangé, le barde ou l'animal? »
Et la troupe partait en riant, et leur rire
Du sombre patient aigrissait le martyre.

Seul, Roz-Venn le chanteur vit d'un œil de pitié
Celui dont il sentit souvent l'inimitié :
« Prenez, lui cria-t-il, le bout de mon écharpe! »
Mais le barde expirait tout sanglant sur sa harpe.

La fosse fut comblée, et la main dans la main,
Dames, clercs et seigneurs chantaient le lendemain :
« Rî-Wall est chez les morts, que l'enfer lui pardonne!
Rî-Wall chez les vivants ne mordra plus personne. »

Assis dans son foyer, les pieds sur le tison,
Voilà ce que que contait un vieux chef de maison.
Il reprit : « Fuyez donc, mes enfants, la satire;
Mais aimez la gaîté sans fiel, aimez le rire,
Tel qu'il brille à cette heure, Héléna, dans vos yeux :
La gaîté d'un bon cœur rend tous les cœurs joyeux. »

La Légende des Immortels

A Monsieur Ives Moelo

I

Lorsque le ciel est clair sous les taillis nombreux,
Que la nature heureuse a dit : Soyez heureux !
Qu'ils dressent dans Paris leurs intrigues, leurs pièges,
Eux-mêmes s'irritant aux bruits de leurs manèges,
Moi, près d'un sanctuaire où jeune j'ai rêvé,
Bien loin, vers l'Océan, je me suis ensauvé...
O calme ! il faut chercher tes abris sur la terre !
Autrefois tu régnais en plus d'un monastère,
Nous disent les anciens : le travail journalier,
L'emploi de chaque instant paisible et régulier,
La nourriture sobre, herbes, simple laitage,
Apaisaient les aigreurs, d'Ève triste héritage,
Et la prière enfin, s'élevant vers le ciel,
Sur les cœurs épurés redescendait en miel.

II

Tel, grand saint Wennolé[1] (de la sainte Armorique
Premier abbé), tel fut le monastère antique,

---

1. Ou mieux Gwennolé, Tout-Blanc.

L'asile merveilleux qui s'ouvrit à ta voix
Sur le bord de la mer aux lisières des bois.
Fuyant le clan royal, la famille et ses charmes,
Tout, et même l'éclat étincelant des armes,
Tu voulus ici-bas vivre en contemplateur
De la céleste vie ô candide amateur !
Et des enfants pieux, tes compagnons d'étude,
Te suivirent fervents dans cette solitude.
Le poil noir d'une chèvre était ton vêtement ;
Un pain d'orge grossier, sans sel, ton aliment...
Délicieux jardin cependant, frais royaume,
Vrai paradis terrestre, Éden où tout embaume :
Là de l'ombre, des fleurs et des fruits savoureux,
Parure de l'autel, régal des malheureux ;
A l'aurore, on voyait sur les roses vermeilles,
Des anges voltiger, lumineuses abeilles,
Et la nuit, quand le cœur léger venait encor,
Les harpes de cristal avec leurs cordes d'or,
Sur l'église, l'enclos, les cellules bénies,
Versaient incessamment des ondes d'harmonies.
Voilà comme des saints florirent ici-bas :
Ils vieillissaient en Dieu, mais ils ne mouraient pas.

III

Vous mourrez sur votre or, nouveaux païens du monde,
Desséchés dans les bras de votre idole immonde !
Vous fuyez l'idéal, l'idéal vous a fuis.
Sur vos calculs sans fin et vos sombres ennuis
Le ciel n'épanchera ni concerts, ni rosée,
Et votre avare soif ne peut être apaisée.
Vous, déserteurs d'un Dieu pauvre et mort sur la croix,

Qu'on rencontre toujours sur l'escalier des rois, —
Près du Samaritain jamais, ni dans l'étable, —
Qui chasseriez Lazare encor de votre table,
Dans vos parcs somptueux et vos palais dorés,
Courbés sous vos honneurs, mais tristes, vous mourrez

IV

Eux, ils ne mouraient pas, affirme la légende,
Tant l'amour, qui faisait leur âme douce et grande,
Répandait sous leur chair un sang limpide et fort !
Ils semblaient doublement à l'abri de la mort.
Sous l'amas des hivers pourtant leurs têtes blanches
Par degrés se penchaient ; neigeuses avalanches,
Leurs barbes à flocons descendaient sur leurs pieds.
Ils crurent à la fin leurs péchés expiés ;
Après tant d'oraisons, d'aumônes et de jeûnes,
Ils désiraient mourir pour ressusciter jeunes.
Alors le bon abbé, venant à leur secours,
Supplia tant le ciel de délier ses jours,
Qu'un ange descendu dans l'étroite demeure
Parla de délivrance et lui désigna l'heure, —
Ange resplendissant d'une telle beauté,
Que les yeux se fermaient, tremblants, à sa clarté,
C'était au lendemain. Or cette grande veille,
Pour celui qu'un bonheur si prochain émerveille,
Fut une effusion de grâces et d'amour,
Un cantique sans fin. — A la pointe du jour,
Faible de corps, l'abbé rassembla son chapitre,
Remit à Gwenn-Ael [1] et la crosse et la mitre,

---

1. Ange-Blanc.

Puis, porté dans les bras de ses religieux,
Et sur terre brillant de la splendeur des cieux,
S'avança vers l'autel, dans les mains son calice :
Prêtre, il voulait offrir un dernier sacrifice.
Là, nourri du froment consacré par sa main,
A ses frères joyeux il donne aussi le pain,
A l'extrême-onction il soumet son front pâle,
Et goute la douceur d'un cœur pur qui s'exhale.

V

Ainsi, près de la mer sans borne, en cet enclos
Où prièrent les saints, où sont épars leurs os,
Sous les murs renversés par nos fureurs civiles,
Chanteur à la campagne et muet dans les villes,
Par les vieux chroniqueurs en nos vieux temps versé,
Pour guérir le présent j'évoque le passé;
La pauvreté chrétienne, au luxe je l'oppose,
Et l'humilité douce à notre orgueil morose.
Ineffable bonheur des immenses amours,
Êtes-vous donc perdu, calme des anciens jours?...

Je sais encors un être et souriant et calme,
Qui des morts bienheureux vivant porte la palme!
Ce pauvre volontaire, ami de l'indigent,
Passe le front baissé quand tarit son argent;
Car les bras en avant, sur ses pas accourue,
Une foule le guette à chaque coin de rue,
Femmes, enfants, vieillards. Lui va semant son bien,
Puis il dit : « Pardonnez, hélas! je n'ai plus rien. »
Prêtre, honneur de Kemper, pardonne aussi, digne homme,
Si, blessant ta vertu modeste, je te nomme,

Mais, dans l'humble sentier par toi-même affermi,
J'ai voulu dire au ciel : J'eus un saint pour ami !
Quand d'autres vont suivant quelque ambition basse,
Bonheur de recueillir un mot du saint qui passe,
O bonheur de passer fier devant la fierté,
Et de s'humilier devant l'humilité !
A ta mort on verra, fils d'une paysanne,
Les pauvres s'arracher les pans de ta soutane,
Et près de ton cercueil tout un peuple fervent,
O serviteur de Dieu cononisé vivant !

Lina

A Madame Audren de Kerdrel

I

« Lorsque l'étang est calme et la lune sereine,
Quelle est, gens du pays, cette blanche sirène
Qui peigne ses cheveux, debout sur ce rocher,
Tandis qu'à l'autre bord chante un jeune nocher,
Dont la barque magique, à peine effleurant l'onde,
Rapide comme un trait, vole à la nymphe blonde,
Et, jusqu'au point du jour, par les vagues bercés,
Ils errent mollement l'un à l'autre enlacés?
— Oh! c'est là, voyageur, une touchante histoire!
Mon aïeul me l'a dite et vous pouvez y croire. »

II

Fille d'un sang royal, espoir de sa maison,
Blanche comme l'hermine à la blanche toison,
Lina, qui n'avait vu que sa quinzième année,
Amèrement pleurait déjà sa destinée :

« Plutôt que de tomber sous ta serre, ô vautour!
Dans ce lac qui m'attend trouver mon dernier jour;

Oui, dans ces froides eaux éteindre ma jeune âme,
Noir ravisseur, plutôt que me nommer ta femme!
Peut-être de ma mort naîtra ton désespoir,
Et tu vieilliras triste et seul dans ton manoir. »

Près de l'Étang-au-Duc (le duc, son noble père,
Sous qui notre Armorique alors vivait prospère),
Lina, la blanche, ainsi parlait dans son effroi.
Car du château voisin, sur un noir palefroi,
Vers la vierge tremblante accourait hors d'haleine
Un poursuivant d'amour qui n'avait que sa haine.
Acharné sur sa trace, à toute heure, en tout lieu,
Au temple il se plaçait, sans peur, entre elle et Dieu;
Il la suivait aux champs, hideux spectre, à la ville,
Et, jusqu'en ce désert, près de ce lac tranquille.

Ses pieds nus sur le sable et les cheveux aux vents,
Là, depuis le matin, jouait la belle enfant,
Et les cailloux dorés sous les eaux transparentes,
Les insectes errants, les mouches murmurantes,
Les poissons familiers venant mordre le pain,
Le pain de chaque jour émietté par sa main,
Et le vol d'un oiseau, la senteur des eaux douces,
Les saules frissonnants, les herbages, les mousses,
Tout dans ce cœur mobile allait se reflétant;
Puis, Lina n'était pas seule aux bords de l'étang;
Le long du pré passait, repassait la nacelle
De son frère de lait, jeune et riant comme elle.
Dès que, de son jardin descendant l'escalier,
De loin apparaissait Lina, le batelier,
Pareil à l'alcyon qui chante sur les lames,
Loïs, chantant aussi, voguait à toutes rames;

Et, lorsque les bras nus, le col tout en sueur,
Vers sa sœur bien-aimée abordait le rameur,
C'étaient pour elle, après maintes tendres paroles,
Des fleurs roses du lac aux humides corolles,
Des touffes de glaïeuls sur l'onde s'allongeant,
Et, comme un beau calice, un nénufar d'argent;
Puis de tous ces présents déposés sur la berge,
Le jeune batelier parait la jeune vierge;
Et leurs fronts couronnés d'algues et de roseaux,
On les eût pris tous deux pour les Esprits des eaux.

« Jetez cette couronne immonde, ô ma duchesse!
Offrande d'un vilain, digne de sa largesse!
Moi, pour vos blonds cheveux j'ai des couronnes d'or,
Des perles que Merlin cachait dans son trésor;
J'ai pour vous un anneau de fine pierrerie
Où votre nom au mien avec art se marie:
Un mot de vous, Madame, et mes mains poseront
La bague à votre doigt, la perle à votre front;
Et, s'il faut plus encor, dites comment vous plaire:
Il n'est labeur trop grand pour un si grand salaire.
— Sire (et les yeux troublés de l'enfant, ses grands yeux
Brillèrent de malice et d'espoir radieux),
« J'obéis: donc, seigneur, que votre complaisance
Joigne à l'Étang-au-Duc votre Étang-de-Plaisance,
Le jour où les deux lacs s'uniront, je prendrai,
Unie à vous, l'anneau nuptial et sacré.
— Par les saints! c'est trop peu demander, ô princesse!
Pourtant, à moi mon œuvre, à vous votre promesse. »

Et, d'un air de vainqueur, regagnant son manoir,
Le noir baron pressait aux flancs son coursier noir.

III

O sort ! ô changement des choses et des âges !
Un double étang couvrait jadis ces marécages.
Sur leur bord un manoir s'élevait crénelé :
Le haut manoir n'est plus, un étang s'est comblé,
Et le profond canal dont l'habile structure
Vint unir ce qu'avait séparé la nature,
A peine le chasseur, dans ces joncs égaré,
En retrouve sous l'herbe un vestige ignoré ;
Grande œuvre par l'orgueil péniblement construite,
Mais que maudit l'amour et par le temps détruite.

IV

Dames et chevaliers, artisans et vassaux
Du manoir de Plaisance inondent les préaux :
L'évêque est sous un dais avec tous ses chanoines ;
Dans la foule reluit le front chauve des moines ;
Les sonneurs sont aussi venus et les jongleurs.
Pour le maître du lieu, sous un arceau de fleurs,
Debout et rayonnant, il contemple en silence
Une barque dorée et que l'étang balance.
C'est qu'un puissant travail, et des maîtres vanté,
Aujourd'hui s'inaugure avec solennité :
Tous sont priés, et noble, et bourgeois, et manœuvre,
Et Monseigneur de Vanne a voulu bénir l'œuvre.
Çà donc, joyeux sonneurs, violes et hautbois,
Harpes des anciens jours, résonnez à la fois !
De sa cour entouré, le bon duc de Bretagne
Vous arrive, et Lina sa fille l'accompagne ;

Et par ce jeune bras soutenu, le vieux duc,
Sous l'or de son manteau, chancelant et caduc,
Se traîne en saluant la multitude avide,
Oublieux de son rang, mais tout fier de son guide.
Or, pourquoi si dolente et ce front sérieux,
Elle, vers qui s'en vont tous les cœurs et les yeux ?
Depuis un an cloîtrée avec des saintes vierges,
Pâlit-elle si vite à la lueur des cierges ?
Ou si son cœur redoute en secret quelque mal ?
Cependant, la voici près de l'arc triomphal,
Et, la main dans la main, le seigneur du domaine
Vers la barque dorée en souriant la mène.
Là, parmi les rameurs du léger batelet,
Moins triste, elle sourit à son frère de lait.
Elle ne pâlit plus, la timide recluse,
Quand le lac traversé, les portes d'une écluse,
Aux voix des instruments qui donnaient le signal,
S'ouvrant, l'esquif vainqueur entra dans le canal
Qui, par de grands travaux franchissant la distance,
Joignait l'Étang-au-Duc à l'Étang-de-Plaisance.
Mais, tel un condamné que l'on traîne à la mort,
Ses regards lentement erraient sur chaque bord,
Comme dans un adieu saluant la prairie
Et l'étang paternel où s'éveilla sa vie...
Alors le fier seigneur, penché courtoisement :
« Voici mon œuvre ! Et, vous, dame, votre serment ?
— Je me souviens, » dit-elle. Et sa main virginale
Sans trembler accepta la bague nuptiale :
Puis, s'élançant au cou du jeune batelier,
Tous deux tombaient au fond du lac hospitalier.

V

« Lorsque l'étang est calme et la lune sereine,
Vous savez, voyageur, quelle est cette sirène
Qui peigne ses cheveux, debout sur ce rocher,
Tandis qu'à l'autre bord chante un jeune nocher,
Dont la barque magique, à peine effleurant l'onde,
Rapide comme un trait, vole à la nymphe blonde;
Et jusqu'au point du jour par la vague bercés,
Ils errent, mollement l'un à l'autre enlacés.
— O merveilleux conteur, merci pour ton histoire!
Elle est triste, mais douce, et mon cœur y veut croire.

L'Éostik ou le Rossignol

(Tiré du breton et de Marie de France)

XIIIe SIÈCLE

A Monsieur Auguste Le Prévost

I

Ses mains sur sa figure, une jeune épousée,
Un jour, dans Saint-Malo, pleurait à sa croisée :

« Las ! mon cher oiselet ! las ! ils l'ont mis à mort !
Adieu, joie ! » Et ses pleurs amers coulaient plus fort ;

Car elle avait jadis connu les douces larmes
Et les nuits de bonheur avant ce jour d'alarmes.

II

« Dites, ma jeune épouse, au milieu de la nuit,
Pourquoi donc vous lever si souvent et sans bruit ?

Quand je dors près de vous, mon épouse nouvelle,
Pourquoi me laisser seul ? — Sire, répondit-elle,

C'est qu'à l'heure où la lune illumine les eaux,
J'aime à voir sur la mer passer les grands vaisseaux.

— Non! ce n'est pas pour voir la mer et les étoiles!
Ni sur les grandes eaux passer les grandes voiles!

Çà, Madame, parlez sans leurre à votre époux :
Au milieu de la nuit pourquoi vous levez-vous?

— Quand mon petit enfant dans sa couche repose,
J'aime à voir ses yeux clos et sa bouchette rose.

— Non! ce n'est pas pour voir le sommeil d'un enfan
Que, pieds nus, de mon lit vous sortez si souvent!

— Mon vieil et cher époux, grâce pour votre dame!
Voici tout mon secret, pur caprice de femme:

La nuit un rossignol chante en notre jardin:
Dès que la n. s'endort, lui s'éveille soudain;

Sur le rosier en fleur jusqu'à l'aurore il chante,
Et si douce est sa voix, si claire, si touchante! »

La jeune dame ainsi parlait au vieux seigneur
Qui murmurait, songeant à venger son honneur:

« Mensonge ou vérité, vertueuse ou parjure,
Demain le rossignol sera pris, je le jure. »

Le jour venant à luire, il dit au jardinier:
« Mon ami, pour un jour laisse-là ton métier.

Un souci me travaille: à peine je sommeille,
Qu'un maudit rossignol dans le clos me réveille;

Dresse donc tes gluaux, d'engins couvre le sol :
Je te baille un sou d'or si j'ai le rossignol. »

L'oiseleur fit trop bien son métier, et le traître
Prit un chanteur nocturne et l'offrit à son maître ;

Et quand le vieux seigneur tint le pauvre captif,
Il rit d'un méchant rire, et, serrant le chétif,

Brusquement l'étouffa ; puis, d'une main jalouse,
L'ayant jeté saignant au sein de son épouse :

« Tenez, dame, voici votre cher oiselet !
Je l'ai pris. Mort ou vif, n'est-ce pas qu'il vous plaît ? »

III

Un jeune homme, apprenant bientôt cette aventure,
Disait, et de longs pleurs sillonnaient sa figure :

« Oh ! combien la jeunesse a de sombres ennuis !
Adieu, ma bien-aimée, adieu nos belles nuits !

Mon regard n'ira plus, la nuit, chercher le vôtre :
Adieu nos doux baisers d'une fenêtre à l'autre ! »

Mais le pauvre oiselet mort par leur amitié,
La dame et son fidèle en eurent grand'pitié :

En un gentil coffret tout d'or fin et d'ivoire,
Le petit corps fut mis bien entouré de moire ;

Puis autour du coffret l'histoire on raconta,
Et l'amant sur son cœur jour et nuit le porta.

Rosily

XVIᵉ SIÈCLE

I

JE laisse pour un jour les pêcheurs et les pâtres,
La ferme où, tout enfant, par les landes verdâtres
J'accourais, visitant et l'aire et le lavoir,
Les grands bœufs étendus dans la crèche le soir,
Les ruches du courtil, l'âtre où le grillon crie,
Et, doucement assise à son rouet, Marie.
Adieu pour aujourd'hui les robustes lutteurs,
Les combats des conscrits, les travaux des mineurs :
J'entre en nos vieux manoirs ; il est sous leurs décombre
Bien des fleurs à cueillir ou brillantes ou sombres.

Cyprien chevalier, mais pauvre, avait vingt ans.
Sous les murs d'un manoir, un matin de printemps,
Il errait par le pré, cueillant des églantines,
Et de frais boutons d'or et de blanches épines,
Et, tout en les cueillant, il mêlait dans les fleurs
Aux gouttes du matin les gouttes de ses pleurs ;
Parfois il les portait humides à ses lèvres
Où des nuits d'insomnie avaient marqué leurs fièvres.

Et ses regards voilés, des mots de désespoir,
Allaient de la prairie aux portes du manoir...
Enfin d'un ruban jaune (et dans tous nos villages
C'est la couleur encor du deuil et des veuvages)
Il noua son bouquet; puis, non loin du château,
Songeant qu'un plus heureux l'en chasserait bientôt,
Entra dans la chapelle, et sous une relique,
Sur un coffre il posa son bouquet symbolique.
Ah! les fleurs d'églantier, les boutons d'or si frais,
Tristement entourés de feuilles de cyprès,
C'étaient tous ses espoirs de jeunesse première
Qu'il venait déposer comme sur une bière!
Coffre saint mutilé par le fer et le feu,
Lorsque les dissidents qui croyaient servir Dieu
Foulèrent sous leurs pieds les dépouilles bénites:
Os blanchis de martyrs, de recluses, d'ermites.
Un vieillard qui suivait vit le doux chevalier,
Et vint tout près de lui, pâle, s'agenouiller.
« Oui, mon vieux serviteur, fais que Dieu me bénisse!
Pour elle aussi prions... Jésus, quel sacrifice! »
Et tous deux les voilà priant sur les pavés,
Sous leurs cheveux pendants leurs yeux au ciel levés,
Et maître et serviteur, et vieillard et jeune homme:
Toi qui rapproches tout, c'est Douleur qu'on te nomme!

II

La fille du manoir disait, le même jour:
« Ma mère, cette preuve encor de votre amour!
Mon esprit s'est créé peut-être une chimère;
Mais voyez ma faiblesse, et plaignez-la, ma mère.
Ce jour, dans tous les temps, me fut un jour fatal.

Pour vous comme pour moi, je redoute un grand mal.
Toutes vos volontés sont les miennes, Madame,
Donnez à qui vous plaît et ma main et mon âme,
Mais qu'il vienne plus tard, dans quelques jours... demain
Je lui livre soumise et mon âme et ma main.
— C'est assez. La noblesse et toute la famille
Et tous les domaniers sont arrivés, ma fille :
Déjà même le prêtre est dans la salle, en bas ;
Il n'est qu'un seul absent dont je ne parle pas.
Rosily, vous savez l'usage de Bretagne :
Devant le fiancé doit s'enfuir sa compagne ;
Trouvez donc un endroit bien sombre où vous cacher
Et que le jour entier se passe à vous chercher.
Ma fille, qu'à présent votre cœur me pardonne,
Croyez bien, Rosily, que votre mère est bonne...
Mais on heurte au portail et j'entends le sonneur :
Fille des anciens ducs, songez à votre honneur ! »

L'époux et ses amis, comme une meute ardente,
Ont rempli le manoir ; mais la biche prudente,
Devançant les limiers aux sauvages abois,
Fuyait vers un abri plus sûr que ceux des bois.
Pêle-mêle ils couraient, nobles, vassaux, vassales,
Visitant les paliers, les tourelles, les salles,
Et les granges enfin, l'étable des fermiers :
La biche défiait le flair prompt des limiers ;
La nuit était venue, on la cherchait encore ;
Cent voix, cent voix criaient au lever de l'aurore ;
Trois jours sur les viviers, sur les puits se penchant,
La mère désolée appela son enfant.

III

« Sous ses habits de deuil, morne et la tête basse,
Où va donc ce vieillard? — Oh! de grâce, de grâce,
Mes amis, suivez-moi! C'est la messe des morts
Pour l'enfant qui d'un ange avait l'âme et le corps :
Le cercueil vide est là, couronné d'immortelle.
Oh! celle que mon maître aimait, où donc est-elle?...
Chut! Près du coffre noir voici le chevalier.
Perdu d'esprit, sans cesse il y revient prier.
On dit la messe. »

                Hélas! une messe funèbre,
Et comme rarement une église en célèbre.
Point de chants, des sanglots; mais, debout à l'autel,
Quand le prêtre élevait le froment immortel,
Un cri part de la nef, et le jeune homme embrasse
Un ruban qui sortait des fentes de la châsse;
Puis, levant le couvercle, il montre tout en pleurs
Le vierge dont la main tient un bouquet de fleurs :
Elle semblait dormir sous cette froide planche :
Douce comme ses fleurs, comme elle pure et blanche.
Ainsi, dans son danger, sans chercher d'autre lieu,
Son asile certain fut la maison de Dieu;
Et le triste bouquet peut-être à la colombe
Indiqua l'autre abri qui dut être sa tombe!
Mais au coffre fatal qui devait l'engloutir
Sans peur est-elle entrée et pour n'en plus sortir;
Ou, malgré ses efforts, le couvercle rebelle
Impérieusement se ferma-t-il sur elle?
Mystère où chaque esprit se perdait confondu!

De l'autel cependant le prêtre descendu
Au cercueil qui l'attend fait déposer la vierge;
Aux quatre angles l'amant place lui-même un cierge;
Puis, sentant d'ici-bas son âme s'en aller,
Dans un hymen céleste il voulut l'exhaler :
Dans sa main déjà froide il prit la main glacée,
Et, calme, il trépassa près de la trépassée.

IV

Aux cœurs bien aimants nos regrets.
Telle fut à vingt ans leur couche nuptiale ;
La Mort seule en fit les apprêts;
Pour rappeler leurs noms, la pierre sépulcrale
Montrait entrelacés une rose, un cyprès.
Quel voyageur, lisant ces deux noms sur la dalle,
Ne rêve, et dans son cœur ne prend encor le deuil?
O doux roman ! des fleurs, un ruban, un cercueil.

L'Artisanne

XVIIᵉ SIÈCLE

I

Des récits consolants et bons à retenir,
Voilà ce qu'il m'est doux d'offrir au souvenir.
Elle est née au Croisic et se nomme Suzanne.
Or un noble l'épouse, elle, simple artisanne,
Et seigneurs et bourgeois, tous les gens du pays,
Pour voir passer la noce ont quitté leur logis.
Les propos se croisaient : « Il a raison, s'il l'aime.
— La raison dit d'aimer l'égale de soi-même.
— Dans ce monde, chacun doit chercher son bonheur.
— Il faut chercher surtout ce qui nous fait honneur. »
Et les langues ainsi, telles que des épées,
Entre elles s'escrimaient, diversement trempées.
Mêlez-vous à la foule, elle aura, de nos jours,
Et les mêmes pensers et les mêmes discours.

Moi, je prise un cœur fier qu'un cœur faible apprivoise.
Si le noble marin aima l'humble bourgeoise,
C'est que, dans sa boutique entrant vers un midi,
Devant elle il resta muet, pâle, étourdi.

Oh ! l'amour, l'amour vrai, c'est la vive étincelle
Tout d'un coup jaillissant du fer qui la recèle.
A côté de sa mère occupée à filer,
Elle filait, tournant ses fuseaux sans parler.
Si la porte s'ouvrait de l'étroite boutique,
Soudain la belle enfant d'aller vers la pratique,
Parcourant les rayons, et sur ses jeunes bras,
Portant la lourde toile et les pièces de draps.
Pour les pauvres de même attentive et disposé,
Elle leur détaillait jusqu'à la moindre chose.
Les épices aussi garnissaient la maison.
Dès l'entrée, on sentait toute une exhalaison
De poivre, de café ; près des blocs de résine,
Le miel de l'Armorique et le thé de la Chine
Embaumaient. Au dehors, c'étaient sous les auvents
Des images de saints et des jouets d'enfants,
Puis de la poterie, une pile d'écuelles ;
Du plafond retombaient des lustres de chandelles ;
Avec leurs poids de cuivre enfin, sur le comptoir,
Les balances brillaient comme un double miroir.
Mille emplettes rendaient libre cette demeure :
L'officier y revint chaque jour, à toute heure,
Tant que la mère ouvrit les yeux et murmura,
Et que sous ses deux mains la jeune enfant pleura.

II

Dans le petit jardin d'un manoir en ruines,
Le vieux baron taillait sa clôture d'épines,
Quand le brave officier vint le front découvert
(Ses yeux caves disaient ce qu'il avait souffert),
Puis conta son histoire au chef de la famille :

« Mon fils, elle n'est pas de vieux sang, cette fille !
— J'aimais, elle m'aima ; j'engageai mon honneur.
— Il suffit ; je vous fais votre maître et seigneur.
D'autres nous blâmeront : avant tout, sa promesse.
A mon banc je prendrai ma place à votre messe. »

III

Voici comment chacun voulut la voir passer,
Jusqu'au pied de l'autel ardent à se presser.
Le cœur plein de fierté, les yeux rayonnant d'aise,
Elle avait conservé sa coiffure nantaise,
Une ample catiole aux dentelles de prix :
Son amant, son époux, ainsi l'avait compris.
Avec le vieux seigneur venait la vieille mère.
La messe terminée, on vit, calme et sévère,
La noce s'avancer vers l'antique manoir :
Un splendide banquet devait la recevoir.
On s'assit. Les valets, sur le bras leur serviette,
Emplissaient chaque verre, emplissaient chaque assiette ;
Noblesse et bourgeoisie avaient fait leur accord,
Lorsqu'une lettre arrive, et le seigneur d'abord
Lentement la parcourt, puis sur la table il tombe :
« Ruiné ! Mon navire est pris, creusez ma tombe ! »
Ce fut un long moment de silence et d'effroi :
Contre des maux si grands, quels biens trouver en soi ?
Mais avec dignité se lève la marchande :
« Devant vous je requiers une faveur bien grande :
Contente de mon bien, et pour vous faire honneur
Je fermais ma maison ; je la rouvre, seigneur ;
Je retourne au travail avec joie et vaillance ;
Grâce au ciel, j'ai toujours mes poids et la balance.

Monsieur, consentez-vous, car c'est tout cordial,
Si je revêts ainsi l'orgueil commercial?
— Oui, j'accepte, Madame. — Oui, j'accepte, ma mère, »
Répliqua le marin. Puis de sa voix si fière :
« Pour qui va sur les flots avec Duguay-Trouin,
Dès qu'arrive l'Anglais, le Breton n'est pas loin. »

VI

Vingt mois s'étaient passés. Un jour, sous la charmille,
Le vieux baron, assis près de sa belle-fille,
Caressait sur la porte un enfant aux yeux bleus,
A la bouche riante et fraîche, aux blonds cheveux ;
Par instants leurs regards se tournaient vers la côte :
Tout à coup apparut au loin, sur la mer haute,
Un navire ! Il marchait lestement. L'heureux brick
Bientôt à pleine voile abordait au Croisic.
« C'est lui ! cria Suzanne. — Oh ! c'est lui ! » dit la mère.
Et, le petit enfant dans les bras du grand-père,
Les voilà haletant de courir vers le port,
Où le brun capitaine, élancé de son bord,
Les presse dans ses bras, les presse sur sa bouche
(Son père le premier, saint respect qui le touche),
Puis sa chère Suzanne ; et quand ce fut le fils
Ignoré de ses yeux, quand de ses yeux ravis
Il revit son image et celle de sa femme,
Des pleurs, des pleurs de joie inondèrent son âme !...
Le soir, riches tissus, bois de l'Inde à foison,
Barils d'or encombraient le manoir, la maison ;
Le ciel avait béni la vaillante entreprise,
Et l'Anglais au Breton avait rendu sa prise.

Sur mer il repartait ainsi chaque printemps,
Pour revenir au port plus riche tous les ans;
Alors on le voyait au bras de sa Suzanne,
Qui n'avait pas quitté les habits d'artisanne,
S'en aller sous les bois, dans les chemins ombreux,
Et leur fils grandissant courait, jouait entre eux :
A ce tableau paisible, à ces riantes choses,
Reprenez-vous, ô cœurs troublés, esprits moroses!
L'homme (en nos jours surtout) a trop de ses douleurs
Pour demander à l'art d'autres sujets de pleurs.

La seconde Vue

> Il y a plus de choses dans le ciel et la terre, Horatio, qu'il n'en est rêvé dans votre philosophie.
>
> SHAKESPEARE, *Hamlet*.

I

Dans son fauteuil doré, le roi voluptueux
Un soir plus que jamais s'étendit soucieux.
Sur le chemin boisé de Saint-Cloud à Versailles
Son carrosse deux fois heurta des funérailles.
Pâle épicurien, aux termes de son sort,
Comme pour l'éviter, il consultait la mort.
« Çà, maréchal, dit-il, s'adressant à Soubise,
L'histoire des Lo'-Christ, vous me l'avez promise !
Comtesse du Barri, versez-nous du tokay ;
Versez aux morts, comtesse, ils ont place au banquet.
— Si j'en crois les Bretons, fit sans tarder le prince,
Les morts plus qu'aucun lieu visitent leur province,
Et surtout les Lo'-Christ, vieux noms très avoués,
D'une seconde vue étrange sont doués :
Chacun, quand doit s'ouvrir sa dernière demeure,
Un mois d'avance apprend le jour précis et l'heure.

Un de ces loups de mer si communs autrefois
Qui, leur poil grisonnant, vont courir dans les bois,
Humbles gens à la cour, mais fiers dans leur domaine,
Un soir, l'amiral Jean, vert à sa soixantaine,
Le fusil sous le bras, par un sentier bien noir,
De lièvres tout chargé regagnait son manoir,
Lorsqu'il voit (le croissant montait sur la bruyère)
Le fossoyeur du bourg, l'homme du cimetière,
Qui creusait à la hâte une fosse en ce lieu.
« Alan, que faites-vous ? Parlez, au nom de Dieu ! »
Le fossoyeur creusait, creusait, et de plus belle,
Sans répondre jetait la terre avec sa pelle.
« Une seconde fois, parlez, au nom de Dieu !
Pour qui donc creusez-vous une fosse en ce lieu ? »
Le front tout en sueur, mais sans perdre courage,
Le muet fossoyeur poursuivait son ouvrage.
« Pour la troisième fois, parlez, au nom de Dieu !
Pour qui donc creusez-vous une fosse en ce lieu ? »
Alors, le fossoyeur cédant à sa prière,
L'amiral vit son nom écrit sur une pierre.

De retour au manoir, le marin orgueilleux,
Comme le fossoyeur, resta muet; ses yeux
Reprirent leur gaîté... C'était une folie,
Quelque vapeur du soir... Le vin jusqu'à la lie,
L'hydromèle fumeuse et le cidre nouveau
D'une vapeur nouvelle emplirent son cerveau.
Trente jours sont passés, une noce l'appelle :
« Sellez mon cheval noir, la mariée est belle,
Et moi, le vieux barbon, je suis garçon d'honneur ! »
Sur la route en sifflant galopait le seigneur,
Quand son cheval se cabre, et frissonne, et s'arrête.

Il excite, éperonne, ensanglante la bête,
Et la bête, à travers champs, vallons et forêt,
Monture de l'enfer, courait toujours, courait;
Une pierre se dresse enfin, le marin tombe :
C'est là, le mois passé, qu'il vit creuser sa tombe.

II

Louis Quinze agitait ses pincettes d'acier,
Mais le front impassible, avec son air princier,
Lorsqu'un des esprits forts, en jabot de dentelle,
S'écria : « Maréchal, vous nous la donnez belle !
Moi qui ne crois à rien, croirai-je aux revenants !
— Ah ! vous croyez en Dieu ?... Soupçons inconvenants,
Mon cher duc ! Eh bien ! Dieu, pour qui rien n'est merveilles,
Peut dessiller nos yeux, entr'ouvrir nos oreilles.
Sa main à qui lui plaît dévoile l'avenir.
Une âme vint au monde, elle y peut revenir...
Mais un signe du roi m'ordonne de poursuivre.
Voici ce que mes yeux ont vu : je vous le livre. »

III

« Vers le premier de juin, reprit le maréchal,
Madame de Ker-Lan, fille de l'amiral,
Arriva dans ma terre en galants équipages.
Hervé, son jeune fils, est la fleur de vos pages ;
Tous deux vous sont connus : on ne voit pas souvent
Et mère plus aimable et plus aimable enfant.
Elle entre douce et fière, elle parle, on s'étonne :
Quelle Parisienne égalait la Bretonne ?

Seul, un plus ferme accent annonçait le pays,
Mais c'était une grâce encor; son goût exquis
Y mettait la mesure, une fraîcheur vitale.
Et lorsqu'elle chantait dans sa langue natale,
Sous nos cheveux poudrés, nos habits de velours,
Plus forts, nous devenions Celtes des anciens jours.
Tel passa mon été près de l'enchanteresse.
Un père pour sa fille aurait moins de tendresse.
Le dernier mois, assis tous deux dans son boudoir,
Où la persienne ouverte envoyait l'air du soir,
Le chant du rossignol et le parfum des roses,
Vers minuit nous causions en paix de mille choses,
Et surtout de son fils loin d'elle grandissant,
Quand un cri dans sa gorge éclate, aigu, perçant;
Une pâleur de morte a recouvert sa face;
Tous ses membres tremblaient : « Regardez dans la glace,
Un cierge est à mes pieds, entendez-vous le glas?
Couverte d'un drap blanc ne me voyez-vous pas?
C'en est fait! dans un mois la terre me dévore...
Amenez-moi mon fils, que je l'embrasse encore! »

Horrible, horrible nuit! Dès la pointe du jour,
Son carrosse à grand bruit s'échappait de ma cour;
Elle allait à Lo'-Christ, tout au bout du royaume.
Ses gens, lorsqu'elle entra, crurent voir un fantôme.
Aussitôt, rassemblant fermiers, hommes de loi,
Parents, elle met tout en ordre autour de soi;
Puis, devant son cercueil ouvert, la pauvre femme,
Avec son confesseur, ne songe qu'à son âme...
Hervé, qui sanglotait hier dans le jardin,
M'apprit, le pauvre enfant, qu'il était orphelin...
Le récit achevé du prince de Soubise,

IV.

Le roi, que reflétait un miroir de Venise,
Pâlit ; mais sa pâleur fixant sur lui les yeux,
Il vida, toujours calme, un verre de vin vieux,
Dit bonsoir de la main, puis entra dans sa chambre.
Neuf mois après (cela se passait en septembre),
Le roi voluptueux, ses jours étant finis,
Escorté d'un seul page, allait vers Saint-Denis.

Les Destinées

C'était une âme juste. — En arrivant au monde,
Dans un riche manoir l'enfant à tête blonde
Vit le jour et grandit, fleur parmi d'autres fleurs :
L'âge faible passa préservé des douleurs ;
Compagnon de ses jeux, un enfant du village
Seul parfois l'étonnait par son maigre visage :
A ses goûts cet enfant si vite était rangé,
Et si vite le pain qu'on oubliait mangé !
Mais lui, sans pénétrer cette souffrance amère,
Mollement s'endormait embrassé par sa mère.
Bientôt (nouvelle joie!) avec la puberté
Vint le premier essor de toute liberté ;
Sur les chevaux légers, au son des cors de chasse,
Le blond patricien essaya son audace ;
Ainsi, croissant toujours, à vingt ans le voilà
Dans Paris où la muse à lui se dévoila.
Ses chants, à peine nés, partout on les proclame :
Seuls ils vont à l'esprit et seuls ils touchent l'âme ;
Au milieu des banquets il est salué roi.
Mais un chantre inconnu, jeune homme, est près de toi,

Un fils de tes fermiers et que ton âme juste
Souvent pare en secret d'une auréole auguste;
En voyant tes honneurs, en voyant cet oubli,
Sur tes lauriers hâtifs tu tombes affaibli,
Et désolé, tu meurs! Comme tout se résume
      Sous la main de la vérité!
Du bonheur sans motifs tu sentais l'amertume
      Et du malheur immérité.

Octobre 18....

L'Incendie

1840

Les cloches, en Tréguier, ont sonné dans la nuit.
Les hameaux sont debout, on regarde, et le bruit
Croissant, croissant toujours, à l'est, dans le ciel rouge,
On aperçoit la flamme; alors aucun ne bouge,
Mais le prêtre est venu : « Que tardez-vous, enfants?
Voyez-vous l'incendie? Entendez-vous les vents?
Apportez tous des seaux, des faucilles, des pioches!
Hélas! serez-vous sourds aux prières des cloches?
Des frères sont là-bas qui réclament nos mains,
Et vous restez ici! Cœurs froids, cœurs inhumains! »
Soudain tous de courir, les cœurs, les yeux avides,
Tous de courir au feu, mais leurs mains étaient vides.

Ils trouvent le seigneur muet, désespéré,
Tordant sa barbe blanche ou, chaque poing serré,
Qui voit en une nuit ses moissons disparues,
Et granges et hangars, et bestiaux, et charrues,
Et les fermes poussant leurs feux vers le manoir

Qui s'élevait encore et solitaire et noir.
Des chevrons en sifflant volaient comme des flèches,
Les chaumes écroulés faisaient jaillir leurs mèches,
Une fumée épaisse enveloppait parfois
Le fourrages, les blés, les murailles, les toits,
Tout semblait apaisé ; puis soudain, plus hardie,
La fureur éclatait de l'immense incendie.
On aurait dit qu'un ange au glaive flamboyant,
Invisible au milieu du fléau tournoyant,
Ministre de colère, activait de sa lame
Le brasier et partout en épandait la flamme.
Était-ce châtiment, imprudence ou hasard ?

D'où venait le désastre accablant ce vieillard ?
Haletants, s'agitaient les hommes des deux fermes ;
Les autres à l'écart, les bras croisés et fermes,
Impassibles témoins, laissaient, silencieux,
L'élément destructeur tourbillonner aux cieux.
Mais le prêtre : « O mes fils, sur les fonts de baptême,
A vos communions, aux jours de noces même,
A chaque sacrement avec la piété
Si vous avez reçu l'esprit de charité,
Hommes, oublirez-vous votre pieuse enfance ?
Chrétiens, laisserez-vous des chrétiens sans défense ? »
Mais, tous, les bras croisés, ils demeuraient toujours.
Ils avaient donc souffert et depuis de longs jours
Dans leurs biens, dans leur sang, souffert dans tout leur êtr
Pour ainsi repousser les paroles d'un prêtre !
Dans sa haine chacun se tenait affermi,
Et voyait de sang-froid périr son ennemi.
O vengeance muette! O calme inexorable !

Lui-même, le vieillard, devant tous imployable,
Renferma dans son cœur son âpre désespoir
Et vit, sans tomber mort, s'écrouler son manoir.

D'un désastre si grand sainte réparatrice,
A présent arme-toi de ton glaive, ô Justice!

LIVRE SIXIÈME

Les Hêtres de Lo-Théa

I

LE NID.

Aux ouvriers venus pour acheter ses hêtres,
Autour de son hameau remparts verts et champêtres,
Le bon fermier Rî-Wall disait : « Prenez ceux-ci ;
Vieillissant comme moi qu'ils finissent aussi ;
Mon enfance a joué, légère, sous leur ombre,
Vieux, j'espérais mourir sous ce feuillage sombre,
Mais le sort a dit non, lui le maître et seigneur ;
Je veux payer ma dette et sauver mon honneur...
Beaux arbres, pardonnez ! Pardonne, ô noble père,
Dont les mains ont semé ce bocage, mon frère ! »
Mais le jeune Tan-gui lui désignant du doigt
Un hêtre mince encore et s'élevant tout droit :
« Oh ! dit-il, celui-là, c'est l'arbre de ma fille.
A son sort est lié le sort de ma famille.

Je l'ai planté le jour où naquit Renéa.
Oui, c'est aussi son frère, aucun n'y touchera.

— Bien vous faites, » reprit, en déridant sa face,
Une vieille pliée en deux sous sa besace!
« J'étais tout près de vous, le jour qu'il fut planté;
Il m'en souvient, c'était un beau matin d'été.
Quel âge avais-je alors? J'allais vers ma centaine,
Et déjà mon bâton me soutenait à peine,
Quand une bonne soupe, un bon morceau de pain,
Comme en ce jour, hélas! n'apaisaient pas ma faim.
Longtemps j'avais erré de village en village;
Seul, vous eûtes pitié, Ri-Wall, de mon vieil âge.
Aussi ma voix bénit votre enfant au berceau,
Et le sol préparé pour le frêle arbrisseau.
Voyez s'ils ont poussé pleins de grâce et de sève!
Et, délices des yeux, comme chacun s'élève!
Mais attendez! l'enfant doit s'embellir encor
Et l'arbre étinceler sous un feuillage d'or. »

Est-ce qu'elle était fée? A l'instant, le ramage
D'un beau couple d'oiseaux argentés de plumage
Doucement soupira, puis sur l'arbre bénit
Les blancs ramiers cherchaient la place pour leur nid.
Et tous les assistants, interrogeant la vieille,
Murmuraient: « Expliquez, mère, cette merveille! »
Mais la jeune Renée et le jeune Tan-gui
Tournaient vers les ramiers un regard alangui;
Un sourire charmant errait sur leurs visages
De tendresse animés, éclairés de présages...

II

LA HUTTE.

Pêle-mêle étendus à l'ombre des pommiers,
Un jour que, vers midi, dormaient les ouvriers,
Le plus jeune, Tan-gui, sous le hâle tout rouge,
Seul maniant encor le perçoir et la gouge,
Dans la hutte achevait, aux heures de loisir
Prises sur le sommeil, achevait à plaisir
Des sabots fins, légers, où l'on voyait deux flammes
D'un beau lis virginal sortant comme deux âmes.
Quel pouvoir inconnu, quel sens mystérieux
Guidaient de ce jeune homme et la main et les yeux?
Voyez! à son ciseau grossier rien ne résiste,
Et l'obscur artisan devient habile artiste.

Or, quand le vieux Ri-Wall entra dans l'atelier,
La douce Renéa, fille de ce fermier,
Tout en filant son lin, vit le front de son père
Se rider et ses yeux pleins d'un regard sévère.
Il resta sur le seuil sans décroiser les bras,
Sombre comme un fantôme et se parlant tout bas.
Cependant une sœur, surveillante fidèle,
Veuve au cœur déjà mûr, filait aussi près d'elle,
Et de ses jeux bruyants égayant leurs travaux,
Le petit Fanche allait roulant sur les copeaux...
Mais quels jeux enfantins, quelles riantes choses
Peuvent de leurs soucis tirer ces cœurs moroses?

Pour l'étrange atelier témoin de tout ceci,
Cet atelier construit dans les champs, le voici :

Des chevrons vigoureux et des menus branchages
On avait élevé la maison de feuillages,
Que les lourds chevalets, les grands outils luisants
Et les bois façonnés encombraient en tous sens :
Les lits sont à l'entour, et, par une trouée,
Au milieu le foyer exhale sa fumée.
Là, tant qu'il restera du bois pour leurs métiers,
Vont vivre et travailler les errants sabotiers :
Puis, tout étant fini, la joyeuse peuplade
Met en chantant la flamme à la hutte nomade ;
Et bientôt les voilà dans un autre pays,
Sous des hêtres nouveaux redressant leur logis.

Pourtant, les sabots fins qu'un lis sculpté décore,
Où seul, avec la bride, un vernis manque encore,
Au pied de Renéa voulant les essayer,
Devant elle Tan-gui s'en vint s'agenouiller ;
Et si l'enfant joyeuse admirait sa chaussure,
Le cœur de l'ouvrier battait, je vous l'assure :
Ce pied nu, blanc, petit, qu'il serrait dans sa main,
Heureux il l'eût ainsi tenu jusqu'à demain ;
Mais le père, toujours plus sombre et plus farouche,
De la loge sortit brusquement, et sa bouche
Disait sur le chemin : « Moi, né d'un sang royal,
Qui dans les anciens jours n'avais pas de rival,
Moi, dont l'aïeul siégeait aux États de Bretagne,
Aujourd'hui laboureur, homme de la campagne,
Pauvre, mais dont l'argent ne fut jamais compté
Quand j'acquitte mon bail l'épée à mon côté...
Non, je ne mettrai pas de tache à ma famille ;
Jamais pareilles gens n'épouseront ma fille ! »

Ne jurez pas ainsi, Ri-Wall, noble fermier,

Mais que le laboureur accueille l'ouvrier.
Avez-vous oublié cette parole austère :
« Nous sommes tous les fils d'Adam, fils de la terre? »
Homme trop orgueilleux, songez que l'établi
Par le bon saint Joseph jadis fut ennobli,
Et que l'enfant Jésus, au fond d'une humble échoppe,
Sans rougir, à douze ans, maniait la varlope :
Chrétien, oserez-vous insulter au métier
De l'apprenti divin et du saint charpentier?
Apaisez-vous, ô cœur, d'ailleurs plein de tendresse,
Qu'une fille maîtrise avec une caresse!
Car on fait devant tous l'imployable, et souvent
Faible on aime à céder au pouvoir d'un enfant.

III

LE BATEAU.

Toujours tu brilleras parmi mes rêveries,
Paroisse verdoyante aux collines fleuries,
O terre dont les pieds plongent dans le Létâ,
Et qui reçus d'un saint ce doux nom, Lô-Théâ :
Tout enfant je t'aimais pour ce beau nom sonore,
Aujourd'hui, Lô-Théâ, je t'aime plus encore,
Pour les riantes fleurs d'innocence et d'amour
Qu'en passant sous tes bois j'ai pu cueillir un jour.

Deux amants sont venus prier à la fontaine
Où, comme par hasard, leur rencontre est certaine :
C'est vous jeune Tan-gui, c'est vous, ô Renéa !
Plus d'une lavandière y travaille déjà,
Car au bruit des battoirs, tandis que sur les dalles

Le bleuâtre savon ruisselle, les scandales
Du bourg et des hameaux, là, du matin au soir,
Abondent des gosiers, comme l'eau du lavoir...
Mais à deux jeunes gens tout épris l'un de l'autre
Qu'importe mon histoire et qu'importe la vôtre ?
Fiez-vous à ceux-là qui vivent par leurs cœurs :
Seuls les indifférents, les oisifs sont moqueurs.

Avec ses blonds cheveux et sa jaquette blanche,
Sur le bord du lavoir courait le petit Fanche ;
Et sa mère inquiète, et le suivant des yeux,
Ne cessait d'appeler l'enfant vif et joyeux,
Qui toujours échappait : « Ma chère créature,
Approchez, que ma main lave votre figure.
Revenez, mon petit ! » Mais si Fanche aimait l'eau,
C'était pour y tremper les feuilles d'un bouleau,
Y jeter des cailloux, et, sous le vent rapide,
Admirer le cristal mobile qui se ride.
Ruse charmante ! Enfin cette mère aux abois,
Voyant que le joueur restait sourd à sa voix,
Se mit à caresser un jeune ange de pierre
Dont la bouche versait les flots de la rivière :
« Celui-ci, c'est mon fils, mon enfant, mon amour !
Tranquille à mes côtés il reste tout le jour.
Il ne va pas courir quand sa mère l'appelle...
Sa joue, oh ! regardez comme elle est blanche et belle !
Et l'enfant oublieux des jeux, l'enfant jaloux,
Les deux bras étendus et heurtant ses genoux,
Vint, tout en agitant sa chevelure blonde,
A cette heureuse mère offrir sa bouche ronde.

Voilà le frais tableau, les doux embrassements

Que d'un œil attendri virent les deux amants ;
Et déjà l'avenir, plein de lueurs vermeilles,
Les conviait ensemble à des fêtes pareilles :
Aussi, quand Renéa tout émue et rêvant
S'éloigna du lavoir, Tan-gui saisit l'enfant ;
Il appuya son cœur sur le petit farouche,
Il lui baisa le front, et les yeux, et la bouche :
« Allons chez moi, dit-il, je veux faire un bateau
Superbe, où tu pourras sans peur jouer sur l'eau ;
Nous y mettrons des fleurs et des fruits par centaine,
Et tu seras nommé l'Ange de la Fontaine ! »

IV

LE BATON ET L'ÉPÉE.

Ce soir-là, des fureurs, des menaces, des cris
De Rî-Wall le fermier, emplissaient le pourpris :
« Oh ! criait-il, à moi mes valets ! votre maître
Mourra-t-il sous les coups d'un usurier, d'un traître ?
— Traître ou non, disait l'autre, allons, paie et tais-toi !
Car j'ai pour moi la force à défaut de la loi. »
Puis c'était un silence où des râles, des plaintes,
Comme font deux lutteurs au fort de leurs étreintes,
Ou dans les mois d'hiver, au fond des chemins creux,
Des dogues affamés se déchirant entre eux.
« O lâche qui t'en viens attaquer la vieillesse !
Mais tremble, il reste encore un aide à ma faiblesse ! »
Lors, courant vers sa ferme, il pousse les battants
De la porte, et dans l'âtre, où, gloire des vieux temps,
Son glaive rayonnait près d'un fusil de chasse,
Il s'arme et reparaît fier et bouillant d'audace !...

Mais que peut un vieillard? Las! son plus ferme appui
Faiblit entre ses mains et l'entraîne avec lui.

« Mon père, mon bon père! Homme autrefois superbe,
Vos blancs cheveux épars, est-ce vous là sur l'herbe?
Le fer de vos aïeux tombé de votre main,
Mon père, est-ce vous là mourant sur le chemin?
Ouvrez, ouvrez les yeux à la voix de vos filles,
Qui, vos cris entendus, saisissant leurs faucilles,
Venaient à travers champs vous aider, mais trop tard...
Quoi! nul jeune n'a pu secourir le vieillard!
— Voix si douce à mon cœur, ô ma chère Renée,
Je vous entends, et vous, sa digne sœur aînée!
Mais venez, soulevez mon corps, guidez mes pas...
Ah! je revois le ciel et je suis dans vos bras!
Oui, voilà le sentier, le tournant de l'écluse,
Et l'arbre où me guettait le renard plein de ruse:
Mais lorsque mon vengeur apparut tout à coup,
Oh! comme le renard s'enfuit devant le loup!
Si vous l'aviez pu voir au bruit de notre lutte,
Terrible, échevelé, s'élancer de sa hutte,
Et brandir son bâton, le front haut, l'œil hagard!...
Mais où donc est Tan-gui, le noble enfant! Qu'il vienne
J'ai hâte de sentir ma main presser la sienne. »

De sa poursuite au fond d'un chemin tortueux
Le jeune homme arrivait, et, son bâton noueux,
Il l'agitait encore au-dessus de sa tête,
Revenait du combat ainsi que d'une fête.
A l'air qu'entre ses dents tout joyeux il sifflait,
Se tourna le fermier qui de bonheur tremblait;
Une larme coula sur sa joue amaigrie;

Enfin, laissant son cœur déborder, il s'écrie :
« Viens, ô brave artisan, honneur de ce canton !
Je veux à mon épée enlacer ton bâton. »

V

LA CROIX DE LA TOMBE.

Ah ! comme d'un logis qu'en seigneur il habite
Le mal sort lentement, lui qui s'en vient si vite !
Ri-Wall et vous, sa fille, hélas ! vous le savez :
Veuve et triste vieillard tant de fois éprouvés !

Sous son mantelet noir où va donc cette femme ?
Oh ! ce noir vêtement dit le deuil de son âme.
Regardez, elle tient le bonnet d'un enfant,
S'arrête pour le voir et le baise souvent.
Sur un tertre, non loin du porche de l'église,
Voici qu'à deux genoux, pleurant, elle s'est mise ;
Puis se signant le front, sur le petit tombeau
Sa main en tous les sens jette des gouttes d'eau.
C'est là, depuis vingt jours, que son enfant repose :
Fanche, tout son bonheur, lui si gai, lui si rose,
Si charmant à courir autour d'elle, à jaser,
Que sans cesse il fallait lui donner un baiser.
Le jour qu'il vint au monde, ah ! de quelle espérance
Furent payés neuf mois, neuf longs mois de souffrance !
De quelle lait abondant elle le nourrissait,
Et comme elle était fière alors qu'il grandissait !
Ce béguin à quartiers, brodé d'or et de soie,
D'un taffetas brillant et moiré qui chatoie,
Elle-même avait fait ce béguin merveilleux

Qui, surmonté d'un gland, attirait tous les yeux...
Mais la mort a ravi la blonde créature!
Ce qui charmait la mère aujourd'hui la torture.
Ce bonnet, à l'autel elle veut donc l'offrir :
Que ne peut-elle aussi sur le tombeau mourir!

Pourtant, par un effort pieux, domptant sa peine,
Elle entre dans l'église, et lentement se traîne
Vers l'autel où souvent dans la même saison,
Heureuse elle est venue avec son nourrisson;
De nouveau, sur la pierre, elle s'incline et prie
Le bel enfant Jésus et la vierge Marie...
« Comme vous, Vierge sainte, oh! pourquoi n'ai-je, hélas
Mon fils paisiblement assis entre mes bras,
Souriant, et paré de la douce auréole
Que tous les innocents ont avant la parole?
Déjà veuve et le cœur percé de bien des coups,
Devais-je perdre encor l'enfant après l'époux,
Lui qui me consolait, et, tout joyeux de vivre,
Dans son chemin fleuri m'engageait à le suivre? »
Une voix lui répond : « Celui qui fait tes pleurs
De cette vie au moins ignora les douleurs;
Il n'eut pas, sur la croix, la couronne d'épine,
Et la lance n'a point traversé sa poitrine;
De la terre il n'a bu que le lait et le miel :
Ange, il est à cette heure à jouer dans le ciel. »

Ainsi, fortifiant cette femme éprouvée,
La foi du premier âge, avec soin conservée,
Des vases de l'autel répandait dans son cœur
La résignation, apaisante liqueur:
Elle prit donc l'objet apporté sous sa mante,

Et sur le front divin, ô croyance charmante!
Mit le béguin doré, pour qu'au saint paradis
Le doux enfant Jésus vînt sourire à son fils.

Plus calme, elle sortit alors de la chapelle.
Mais sur la tombe fraîche, en passant, que voit-elle?
Une petite croix que l'ouvrier Tan-gui
Posait là, tout en pleurs, pour l'enfant son ami;
Et des fleurs du printemps sa robe toute pleine,
Renée en épandait roses et marjolaine,
Marguerites des prés, et blancs bouquets de lait
Aux branches de la croix liés en chapelet.

VI

LE FEU DE LA SAINT-JEAN.

C'est la Saint-Jean! Des feux entourent la Bretagne,
Serpent rouge qui va de montagne en montagne;
Et de chaque hauteur qu'illuminent les feux,
Montent avec la flamme autant de cris joyeux :
Heureux qui des tisons emporte un peu de cendre,
La foudre sur son toit ne pourra plus descendre;
Heureux dans les bûchers qui fait passer ses bœufs,
Les sorciers et les loups ne peuvent rien contre eux!
Et les filles aussi disaient dans leur langage
(Comme elles font toujours rêvant le mariage):
« Celle qui, dans la nuit, neuf feux visitera,
Avant la fin de l'an saint Jean la marîra. »
Et les voilà soudain, biches des plus ingambes,
Par les bois, par les prés courant à toutes jambes.
Dans cette ardente course aux champs de Lô-Théa,
La plus lente en chemin n'était point Renéa,

Car Tan-gui lui criait de sa voix tendre et chère :
« Si tes pieds vont vers moi, Renéa, soit légère ! »

Pour le bûcher construit par le fermier Ri-Wall,
Dans toute la paroisse il n'eut point son égal :
Énorme entassement de genêts et de lande ;
Hommes, femmes, enfants, avaient mis leur offrande ;
Puis, quittant le pays, les joyeux sabotiers
Jetèrent pour adieu leurs copeaux par milliers ;
Tout à l'entour priaient les figures livides
Des pauvres ; pour les morts des places restaient vides.
« Ah çà ! dit une vieille agitant son menton,
Demeuré jusque-là muet sur un bâton,
Ce village est le mien ! Depuis maintes années
J'y trouve un gîte sûr au bout de mes tournées ;
Si je veux lui payer ma dette, il est grand temps :
Sur le coup de minuit, mes amis, j'ai cent ans !
Vous donc, qui sans dégoût pour mes pauvres guenilles
Jeune homme, hier encore, arrangiez mes béquilles,
Sous le hêtre où, parfois, lasse, j'aime à m'asseoir,
Allez, Tan-gui, mon fils, et là, dans le trou noir,
Plongeant tout votre bras, rapportez la nichée
Mystérieusement sous les feuilles cachée. »

La vieille se taisait. Aussitôt le fermier,
Comme maître et doyen s'avançant le premier,
Mit solennellement la flamme au tas de lande ;
Puis, du Saint de l'endroit entonnant la légende,
Tous, le front découvert avec dévotion,
Formèrent douze fois une procession [1].

---

[1]. En l'honneur des douze apôtres.

Ensuite, de leur crèche amenés par les pâtres,
Bœufs et vaches, taureaux rétifs, poulains folâtres,
Durent par le bûcher, sous les cris et les coups,
Passer : leurs yeux roulaient effarés, leurs grands cous
Poussaient des beuglements lamentables et mornes,
Et dans l'air enflammé s'entre-choquaient leurs cornes.
Mais les bergers enfants, pour qui tout est un jeu,
S'offraient joyeusement à l'épreuve du feu.

Cependant de sa course à travers les campagnes,
Hors d'haleine, arrivait Renée ; et ses compagnes
Chantaient : « Renée a vu neuf feux de la Saint-Jean,
Elle aura son époux avant la fin de l'an.
— Elle l'aura ce soir, reprit la bonne vieille.
Le voici qui s'avance. Il apporte, ô merveille !
La dot qu'un hêtre creux recueillit jour par jour :
Nid d'or par moi rempli, quinze ans, avec amour.
Oh ! Ri-Wall, homme fier, ne dressez pas la tête !
Cent fois à votre porte, n'ai-je point fait ma quête,
Couché dans votre grange et mangé votre pain ?
Reprenez donc le blé qu'avait glané ma main.
Votre enfant mâle est mort : Fanche, le petit Fanche
Dort à jamais couché dans son berceau de planche ;
Lorsque nul rejeton d'ailleurs ne peut sortir,
Laissez dans Renéa votre espoir refleurir. »

Elle n'ajouta rien, l'antique et bonne fée :
Il semblait que par l'âge et la joie étouffée,
Centenaire, à ce monde elle eût fait ses adieux,
Heureuse en s'éteignant de laisser des heureux.
Et les deux jeunes gens, près d'elle sur la terre,
La suppliaient de vivre et l'appelaient leur mère :

« Eh bien, oui ! quelques jours encor et puis finir.
Je veux voir votre noce, enfants, et vous bénir. »

Mais les gais artisans, nomade caravane,
Achevant au départ de brûler leur cabane,
Disaient : « Riche Tan-gui, te voilà métayer ;
Tout le jour dans tes champs, le soir à ton foyer :
Laboureur, sois heureux !... Nous rentrons sous les hêtres
Et sous les bois sacrés, amis de nos ancêtres,
Car l'homme a dans les bois ce qui suffit au sort :
Un toit durant sa vie, un cercueil à sa mort. »

Journal rustique

QUATRIÈME PARTIE

I

LES FLEURS.

A tout âge des fleurs. Naguère sur ma tête,
Mes blonds cheveux brillaient comme des boutons d'or;
    Si mon soleil rayonne encor,
De la pâle saison la couronne s'apprête;
    Cheveux d'argent, soyeux et beaux,
Couronne destinée à la dernière fête,
    Cueillie aux tertres des tombeaux.

II

LETTRE.

A H. Rolle.

Ce que je fais, ami? — Riverain de l'Izole,
Du fleuve inspirateur je suis chaque détour,
Causant avec ses flots et notant, jour par jour,
Tout ce qui fait gémir, surtout ce qui console.

Là, j'observe l'année en ses quatre saisons,
En comparant la vie aux saisons de l'année ;
Tout se répond : voyez les parts d'une journée,
C'est l'image du temps qu'ici-bas nous passons.

Sur tous ces changements des choses et des âges
Ainsi je laisse aller mes rêves studieux,
Et leurs ailes parfois m'enlèvent radieux
Des bords de l'humble Izole aux célestes rivages.

III

LES MOIS SOMBRES.

Déclin de l'âge et de l'année,
Comme le cœur serré parfois on vous descend !
Automne, si vos fruits versent un suc puissant,
Que déjà leur couronne est jaunie et fanée !
O jeunesse ! ô printemps ! ô visons d'avenir,
Jours d'espoir !... mais plus tard, aux jours du souvenir,
Plus de légers parfums, plus de chants, plus d'ombrage :
Dans le sentier glissant où l'on entre bien las,
On va, le front baissé, tremblant à chaque pas,
  Et toujours se disant : courage !

IV

LES PLUIES.

L'Izole, enfle de pluie, a partout débordé.
Jusqu'au pied des coteaux le val est inondé.
L'Aven semble un torrent. A peine quelques saules
Hors de l'immense lac soulèvent leurs épaules ;

Et sauvages canards, sarcelles et pluviers,
Bruissant, frémissant, s'abattent par milliers :
Attente du chasseur dont l'arme meurtrière
Entre les joncs éclate et crible la rivière.
Moi, chantre inoffensif, j'observe au bord des eaux
Le grandiose effet de ces sombres tableaux.

V

JOIES D'AUTOMNE.

L'automne a ses douceurs ! aux pays des vendanges
Chacun, vigne abondante, entonne tes louanges :
Nous, célébrons le cidre échappé du pressoir,
Et la châtaigne cuite, au coin du feu, le soir.
Sur la table, aubergiste, apportez vingt chopines,
Et des pipes sans nombre et les châtaignes fines !
L'automne a ses plaisirs ! si nous avons fêté
Le printemps pour ses fleurs, pour ses moissons l'été,
Il est un dernier chant qu'à pleine voix j'entonne :
Pour le cidre qui mousse, amis, chantons l'automne !

VI

LES CHANSONS DE LA MENDIANTE.

Quand la vieille Gilette entre dans la maison,
On lui dit : « Çà, la vieille, il faut une chanson ! »
Et, pour sa place au feu, la bonne mendiante,
Les mains sur les tisons et le dos courbé, chante :
Rimes de tous les temps, et de guerre et d'amour,
Elle en pourrait trouver jusqu'au lever du jour;

Et lorsqu'un verre plein est mis près de sa chaise,
Ses yeux tout éraillés brillent comme la braise,
Les vieux airs dans sa bouche arrivent moins cassés ;
Tant que, l'heure sonnant, il faut crier : assez !

VII

LE CHEVREUIL.

Dans un bois du canton, pris dès son plus jeune âge,
Il était familier, bien qu'au fond tout sauvage :
Aux heures des repas, gentiment dans la main
Il s'en venait manger et des fruits et du pain.
On entendait sonner ses pieds secs sur les dalles ;
Puis, soudain, attiré par les forêts natales,
Il partait, défiant tous les chiens du manoir,
Et se faisant par eux chasser jusques au soir :
Alors, les flancs battants, et l'écume à la bouche,
Il rentrait en vainqueur, caressant et farouche.

Bientôt, le temps venu de ses fauves amours,
Il partit seul, errant et les nuits et les jours,
S'arrêtant pour humer, épuisé de ses courses,
La fraîcheur des taillis et la fraîcheur des sources,
Sa trace était partout dans les sentiers des bois,
Mais nul brame amoureux ne répétait sa voix ;
Plutôt, des fronts armés de pointes acérées
Devant lui s'avançaient sous les branches fourrées !
Chevreuils libres et fiers, de leur gîte accourus
Contre ce vil flatteur de l'homme, cet intrus.

Nous le vîmes alors couché dans son étable,
Sans plus songer à l'heure où se dressait la table,

Seul, triste, loin des chiens, tout entier à son mal,
Haïssant à la fois et l'homme et l'animal ;
Par accès s'élançant, dans ses colères mornes,
Contre les visiteurs qu'il frappait de ses cornes :
De tristesse et de crainte il emplit le manoir,
Pauvre bête, et mourut ainsi de désespoir !...
A sa franche nature, oh ! laissez donc chaque être.
Laissez-le vivre en paix aux lieux qui l'ont vu naître !

VIII

A LA TOMBE DE RENÉ.

Les pèlerins de l'art longtemps, sur ces îlots,
Viendront mêler leur plainte à la plainte des flots.
Dors heureux ! d'un côté c'est la grève natale,
Et de l'autre la mer brumeuse, occidentale;
Dors, René, dans ton île aux cris tumultueux,
Troublés comme tes chants et sonores comme eux
Et, la nuit, lentement lève ta pierre blanche,
Quand vers toi Velléda, génie en pleurs, se penche :
Cymodocée aussi, ta fille, pleure là,
Et la pâle Amélie et la sombre Atala.

IX

QUESTION.

Dites-moi, dans l'objet qu'aime et poursuit l'artiste,
Visible pour lui seul, si l'Idéal existe,
Ou bien si l'Idéal, dans l'artiste enfermé,
Comme un moule divin reçoit l'objet aimé. —

Donc, vers l'être en renom pour sa beauté parfaite,
Vous-même d'accourir; puis votre âme est muette :
Vous criez au mensonge! — Ah! dites, la beauté
Vraiment fut-elle absente en cet objet vanté ?
Ou si vous n'avez pas au dedans de vous-même
L'Idéal dont l'artiste entoure ce qu'il aime.

X

LE CHÊNE DU BOURG.

Ce chêne fut planté par nos libres aïeux ;
Il est bien doux de voir l'arbre qu'ont vu leurs yeux :
Comme nos vieilles mœurs, cependant, sa racine
S'altère, et le géant penche vers sa ruine.
Maire, si j'étais vous, je crîrais dans le bourg :
« Des pieux pour ses rameaux! de la terre à l'entour ! »
Dix générations ont vécu sous son ombre,
Après nous nos enfants y fleuriraient sans nombre.
Pour nos aïeux, pour nous et pour nos descendants,
Ne laissons pas mourir ce géant des vieux temps.

XI

LA MORT D'UN BOUVREUIL.

A Aurélien de Courson.

Ces premiers souvenirs de bonheur ou de peine,
Par instants on les perd, mais un rien les ramène.
Le fusil d'un chasseur, un coup parti du bois,
Viennent de réveiller mes remords d'autrefois :

L'aube sur l'herbe tendre avait semé ses perles,
Et je courais les prés à la piste des merles,
Écolier en vacance; et l'air frais du matin,
L'espoir de rapporter un glorieux butin,
Ce bonheur d'être loin des livres et des thèmes,
Enivraient mes quinze ans tout enivrés d'eux-mêmes.

Tel j'allais par les prés. Or un joyeux bouvreuil,
Son poitrail rouge au vent, son bec ouvert, et l'œil
En feu, jetait au ciel sa chanson matinale,
Hélas! qu'interrompit soudain l'arme brutale.
Quand le plomb l'atteignit tout sautillant et vif,
De son gosier saignant un petit cri plaintif
Sortit, quelque duvet vola de sa poitrine,
Puis, fermant ses yeux clairs, quittant la branche fine,
Dans les joncs et les buis de son meurtre souillés,
Lui, si content de vivre, il mourut à mes pieds!

Ah! d'un bon mouvement qui passe sur notre âme
Pourquoi rougir? la honte est au railleur qui blâme.
Oui, sur ce chanteur mort pour mon plaisir d'enfant,
Mon cœur, à moi chanteur, s'attendrit bien souvent.
Frère ailé, sur ton corps je versai quelques larmes.
Pensif et m'accusant, je déposai mes armes.
Ton sang n'est point perdu. Nul ne m'a vu depuis
Rougir l'herbe des prés et profaner les buis.
J'eus pitié des oiseaux et j'ai pitié des hommes.
Pauvret, tu m'as fait doux au dur siècle où nous sommes.

XII

AIGUILLONS.

A des Sourds.

A vous des vers! c'est tendre aux hiboux des gluaux!
C'est jeter de la fleur de froment aux pourceaux!

A la femme de Jean Rorh.

A polir ce caillou, vous userez votre âme :
Le fleuve à ce travail met mille ans, pauvre femme!

Épitaphe de Jean Rorh.

Deux fois lâche, sur toi qu'on écrive à ta mort:
« Hardi devant le faible, humble devant le fort. »

Sur les Meuniers.

Vendre à qui n'y voit rien, bon marché, fraudes sûres.
Les meuniers prisent fort les nouvelles mesures.

Un Sage.

Jakez sonne un baptême et Jakez sonne un mort:
Triste pour l'arrivant, gai pour celui qui sort.

XIII

A PÉRINA.

On vous aimait pourtant, innocente Périne!
Mais vous disiez : « J'irai sur terre en pèlerine. »

Tant e cloître a son charme! Et nous étions en pleurs,
Que vous partiez aveugle et sourde à nos douleurs.
Un long voile, aujourd'hui, sur la religieuse,
Un crêpe noir s'étend : humble et silencieuse,
Elle courbe son front dépouillé de cheveux,
Jusqu'au jour solennel qui couronne les vœux.
Elle avait dit : « J'irai sur terre en pèlerine. »
Ah! vous tendiez bien haut, innocente Périne!

XIV

COMME ON BATISSAIT LA MAISON D'ÉCOLE.

De l'église du bourg sondez les fondements,
La foi, la paix du cœur en furent les ciments.
Dix siècles ont passé sur le saint édifice :
Donc, pour bien affermir la nouvelle bâtisse,
C'est peu du granit dur et c'est peu du mortier,
Et c'est encor trop peu des règles du métier :
Maçons, si vous voulez que votre blanche école
Ne tombe pas au vent comme un jouet frivole,
Dès la première assise, à côté du savoir,
Mettez la foi naïve, et l'amour, et l'espoir.

XV

LA FÊTE DES MORTS.

Le glas tinte. J'ai fui bien loin dans les vallées
Pour échapper au cri des cloches désolées :
Mais partout les brouillards déroulent leurs linceuls,
Les saules sont en pleurs, et des pâles tilleuls

Un murmure plaintif s'exhale, c'est l'automne,
C'est la Fête des Morts, lugubre et monotone !
Tous, ce soir, en tumulte ont vidé leur cercueil,
Leur hôtesse éternelle a pour eux pris le deuil ;
Au muet firmament chaque étoile est éteinte,
Je rentre au bourg : tout dort. Tout est noir. Le glas tinte.

XVI

VOIX AMIES.

« Non, plus de ces départs subits !
Vous voilà paysan, un fils de nos campagnes,
Qui ne sait vos chansons de la plaine aux montagnes ?
Vous parlez notre langue et portez nos habits.
— Ah ! si parfois l'esprit vers la cité m'appelle,
Mon cœur est à la lande et je reviens fidèle !
— Eh bien, ne quittez pas ses déserts embaumés.
Sage, contentez-vous du blé que nos mains sèment :
Oh ! demeurez toujours près de ceux qui vous aiment,
  Et près de ceux que vous aimez ! »

XVII

DERNIÈRE DEMEURE.

A vous, bardes sacrés, ô chanteurs radieux !
Un nid voisin de l'aigle, un tombeau près des cieux ;
A vous les hauts sommets, à moi l'humble vallée,
Et, comme fut ma vie, une tombe voilée.
Tel est mon dernier vœu. Tout près du Pont-Kerlô,
Dans un bois qui pour maître avait le vieil Elô,

Couché parmi les buis, au murmure des sources,
Je reposerais bien, je crois, après mes courses,
Les soirs d'été, c'est là qu'aux branches des buissons
Nous allions, gais enfants, pendre nos hameçons,
Cueillir l'airelle noire, et, dans le mois des neiges,
Tout le long des taillis tendre aux oiseaux des pièges.
Pourtant, mon corps venu, si le nouveau curé
Me refuse une tombe en ce bois ignoré,
Qu'il me donne, du moins, ma place au cimetière,
Parmi les rangs bénits de la paroisse entière,
Avec Albin, Daniel, et tous ceux du canton
Dont j'ai dit bien des fois le village et le nom :
Une autre aussi viendra vers cette couche sombre,
Et, réunis, enfin, nous dormirons dans l'ombre.

XVIII

POUR LE TERME.

De voir et de sentir quand l'âme est assouvie,
    Avec douceur elle s'endort;
Savourons le voyage et savourons le port,
    Les biens passagers de la vie,
    Les biens éternels de la mort.

LIVRE SEPTIÈME

LES PÊCHEURS

I

LE CHANT DES PÊCHEURS.

Un petit port breton devant la Mer-Sauvage
S'éveillait ; les bateaux amarrés au rivage,
Mais comme impatients de bondir sur les flots,
De sentir sur leurs bancs ramer les matelots,
Et les voiles s'enfler, et d'aller à la pêche,
Légers, se balançaient devant la brise fraîche ;
Tout était bleu, le ciel et la mer ; les courlis,
Tournoyant par milliers, de l'eau rasaient les plis ;
Des marsouins se jouaient en rade, et sur les plages
Follement au soleil s'ouvraient les coquillages.
Qu'il vienne au bord des flots, à ton miroir vermeil,
Celui-là qui veut voir ton lever, ô soleil !

Bientôt les bons pêcheurs de ce havre de Vannes,
A l'heure du reflux, quittèrent leurs cabanes.

Sur leurs habits pesants, tout noircis de goudron,
L'un portait un filet et l'autre un aviron;
Leurs femmes les suivaient, embarquant une cruche
D'eau fraîche, un large pain qui sortait de la huche,
Du porc salé, du vin; et pendant les adieux
Leurs regards consultaient les vagues et les cieux.
Les chaloupes enfin, se défiant entre elles,
Comme de grands oiseaux déployèrent leurs ailes.

Celle qui la première ouvrit sa voile au vent
Portait un homme mûr, un jeune homme, un enfant,
Et leur aïeul à tous, dont les mains sillonnées
Marquaient de longs labeurs et de longues années :
Ses cheveux tout crépus semblaient un goëmon;
Mais quel jeune tiendrait plus ferme le timon?
Nul, excepté son fils, au front rude, aux yeux glauques,
Homme doux dont la voix a toujours des sons rauques.
Leur pays, c'est Enn-Tel, et leur nom Colomban,
Un des saints que Dieu fit maîtres de l'Océan.

Tandis qu'ils s'éloignaient, laissant traîner leurs dragues
Ils virent les enfants jouer au bord des vagues,
Et ceux qui, tout le jour, le long des murs assis,
Inutiles vieillards, n'ont plus que des récits.
Sur les quais, leurs maisons reluisaient toutes blanches,
Et par-dessus les toits, au loin, de vertes branches
Leur laissaient entrevoir de tranquilles hameaux;
Les grands bœufs lentement paissaient sous les rameaux
Et le vent apportait le gai refrain des pâtres,
Qui, sur l'herbe couchés devant les flots saumâtres,
Savourent leur jeunesse, au reste indifférents.
Alors, pour éclaircir le front de leurs parents,

Au bruit des avirons le novice et le mousse
Se mirent à chanter d'une voix lente et douce :

I

Ah ! quel bonheur d'aller en mer !
Par un ciel chaud, par un ciel clair,
    La mer vaut la campagne ;
Si le ciel bleu devient tout noir,
Dans nos cœurs brille encor l'espoir,
    Car Dieu nous accompagne.

Le bon Jésus marchait sur l'eau,
Va sans peur, mon petit bateau.

II

Saint Pierre, André, Jacque et saint Jean,
Fêtés tous quatre une fois l'an,
    Étaient ce que nous sommes,
Et ces grands pêcheurs de poissons
A leurs filets, leurs hameçons,
    Prirent aussi les hommes.

Le bon Jésus marchait sur l'eau,
Va sans peur, mon petit bateau.

III

Sur les flots ils l'ont vu, léger,
Vers eux tous venir sans danger,
    Aussi léger qu'une ombre ;
Mais Pierre à le suivre eut grand'peur,
Il cria : « Sauvez-moi, Seigneur !
    Sauvez-moi, car je sombre ! »

Le bon Jésus marchait sur l'eau.
Va sans peur, mon petit bateau.

IV

Sur ton bateau, Pierre-Simon,
Que Jésus fit un beau sermon
 A la foule pieuse!
Puis dans tes filets tout cassés,
Combien de poissons amassés!...
 Pêche miraculeuse!

Le bon Jésus marchait sur l'eau,
Va sans peur, mon petit bateau.

V

Dans ta barque il dormait un jour,
Te souvient-il comme à l'entour
 S'élevait la tempête?
Lui, réveillé par ton effroi,
Dit à la vague : « Apaise-toi! »
 Elle baissa la tête.

Le bon Jésus marchait sur l'eau,
Va sans peur, mon petit bateau.

VI

Aussi la barque du pêcheur
Où s'est assis notre Sauveur
 A toujours vent arrière;
Sans craindre la mer ni le vent,
Elle va toujours en avant,
 La barque de saint Pierre.

Le bon Jésus marchait sur l'eau,
Va sans peur, mon petit bateau.

VII

O Jésus! des pêcheurs l'ami,
Avec nous venez aujourd'hui
　　Dans cette humble coquille;
Allons! prenez le gouvernail,
Et bénissez notre travail:
　　Il nourrit la famille.

Jésus nous conduira sur l'eau,
Va sans peur, mon petit bateau.

Tel fut des apprentis le chant joyeux et tendre,
Que leurs graves parents étaient heureux d'entendre.
La barque cependant au large s'en allait;
On jeta les paniers, les nasses, le filet,
Les hameçons crochus, et toute la journée
La famille resta vers la proie inclinée.

Mais au soleil couchant l'horizon devint noir:
Nul pêcheur dans le port n'était rentré le soir.

II

LA POUSSIÈRE SAINTE.

Or, la nuit, balayant une antique chapelle
En ruine et bâtie au pied d'une tombelle,

La femme du vieux Coulm [1], vieille aussi, murmurait,
Comme pour épancher quelque étrange secret :

I

« Je te brave, tempête ! Ici, je ferai seule
L'œuvre qu'en sa jeunesse a faite mon aïeule,
Quand devant elle, honneur du pays de Léon,
L'Océan dut courber sa tête de lion.

II

Travaille, mon balai, travaille ! il est des charmes
Plus sûrs que les soupirs et plus sûrs que les larmes,
Charmes aimés du ciel et qui forcent les vents
Insensés et les flots d'épargner nos enfants.

III

Mon ange le sait bien : je ne suis point païenne,
Ni sorcière ; je suis une femme chrétienne :
Aussi je veux jeter aux quatre vents de Dieu,
Pour dompter leur fureur, la poudre du saint lieu.

IV

Travaille, mon balai ! Par des vertus pareilles
Souvent j'ai dans les airs dispersé les abeilles ;
Oui, mon vieux Colomban, demain tu reviendras,
Et vous, mes trois enfants, vous serez dans mes bras !

Mais dans le port d'Enn-Tell, le long de la jetée,
La foule se pressait, muette, épouvantée,

---

1. Abréviation de Colomban.

Et, voyant les éclairs bleuir, la mer houler,
Et le ciel, d'un plomb noir, comme près de crouler,
Chacun priait; les mains échangeaient des étreintes;
La superstition faisait taire les craintes.
Pourtant, dès qu'un bateau sauvé rentrait au port,
Tous, en criant, d'aller effarés sur le bord :
« Mon père, est-ce bien vrai? Parlez vite, mon père ! »
D'autres : — « Avez-vous vu mon fils? Et vous, mon frère ?»
— « Brave homme, apprenez-moi toute la vérité,
Suis-je veuve? » — La nuit dans cette anxiété
Se traîna sous un ciel sans lune et sans étoiles.
Grâce à Dieu, cependant, vinrent toutes les voiles;
Tous les foyers brillaient. Un seul avait ses bancs
Vides et désolés : celui des Colombans.

Mais toi, femme de Coulm, tu combattais l'orage !
Debout sur les rochers, poursuivant ton ouvrage,
Vers l'est, vers l'occident, vers le septentrion,
Vers le sud, tu jetais une incantation :

I

« Allez contre les vents, allez, sainte poussière,
Je suis une chrétienne et ne suis point sorcière :
Aux regards de la lampe où j'allumai le feu,
Ma main vous recueillit dans la maison de Dieu.

II

J'ai pour vous des vieux saints essuyé les statues,
Leurs bannières de soie aux piliers suspendues,
Et les sombres tombeaux que les fils laissent seuls,
Mais que vous revêtez avec vos blancs linceuls.

III

Allez contre les vents, allez, sainte poussière !
Née aux pieds des chrétiens, vous n'êtes point grossière;
Des marches du portail aux marches de l'autel,
Je croyais m'avancer par un chemin du ciel.

IV

Car sur vous ont marché les diacres et les prêtres,
Les pèlerins vivants et les morts nos ancêtres ;
Fleurs des bois, grains d'encens, reliques des parvis,
Demain vous me rendrez mon époux et mes fils ! »

Comme elle se taisait, voici venir vers elle
Quatre pêcheurs sortant pieds nus de la chapelle ;
La vieille tout en pleurs tomba sur ses genoux,
Criant : « Je savais bien, moi, qu'ils reviendraient tous!
Et du sable et de l'algue écartant les souillures,
Heureuse, elle embrassait toutes ces chevelures.

III

LE CHANT DES QUÊTEURS.

Pour finir ce récit, mon âme, encor des vers,
Mais éclos dans les blés, près des feuillages verts.
La poitrine en sueur et toute haletante,
Ils sont là, vingt batteurs, sous la chaleur ardente,
Avançant, reculant sans fin, jeunes et vieux :
Sous les feux du soleil le blé s'égrène mieux.
Voyez les lourds fléaux, dans cette noble lutte,
Se lever, retomber douze fois par minute!

L'enfant chercher à montrer sa première vigueur,
Et le vieillard blanchi ce qui lui reste au cœur.
Chez les filles aussi, quel feu! quelle prestesse!
Les épis sentent bien leur force et leur adresse;
Puis de longs cris de joie au départ, mais d'abord
Pour se bien délasser on danse à tomber mort.
La ferme est entourée, au couchant, de grands ormes,
Reste des temps passés, et de chênes énormes,
Et d'ajoncs fleurissant l'hiver comme l'été:
Partout c'est le bon air, le travail, la santé;
Lorsque des étrangers arrivent de la grève,
Pareils aux spectres blancs qu'on n'aperçoit qu'en rêve
(C'étaient les naufragés, c'étaient les Colombans);
Derrière eux s'en venaient des femmes, des enfants,
Le front et les pieds nus, au mur de l'aire à battre
Les pâles naufragés s'avancèrent tous quatre;
Et quand le métayer eut dit : « Vers mon courtil,
Pauvres gens, un malheur, hélas! vous conduit-il? »
Le barde mendiant qui leur servait d'escorte
Baisa son chapelet et chanta de la sorte :

I

« Jésus, le doux patron qui nous menait sur l'eau,
A laissé dans la nuit sombrer notre bateau :
  Hélas! c'est une épreuve dure!
Mais, au mal résigné, tout bon chrétien l'endure.

II

Lui-même il nous a dit : « Ne cherchez pas pourquoi
Je ne suis pas venu quand vous comptiez sur moi;
  Mais allez, allez à vos frères;
Misérables, montrez sans honte vos misères. »

III

Et nous voici, chargés de planches, d'avirons;
Ce qui nous est resté, pauvres, nous le montrons.
  Devant ces débris et ces rames,
Oh! que la charité, frères, touche vos âmes!

IV

Pêcheurs et laboureurs, nous vivons ici-bas,
Aux sueurs de nos fronts, du travail de nos bras;
  Aidons-nous les uns et les autres :
Soulagez nos malheurs, vos pleurs seraient les nôtres.

V

Si le feu dévorait vos paisibles maisons,
Si granges et hangars n'étaient plus que tisons,
  Descendez tous vers nos cabanes,
Venez, grands et petits, paysans, paysannes!

VI

Heurtez, heurtez sans crainte au seuil des matelots:
Vous labourez la terre, ils labourent les flots;
  Nous rebâtirons vos chaumières;
Notre barque n'est plus, entendez nos prières!

VII

Nous venons en chantant vous dire nos malheurs;
Le chant sorti de l'âme entre dans tous les cœurs;
  Au chant harmonieux et triste
Quel est le cœur breton et croyant qui résiste?

— Ah! reprit le fermier, déjà plein de pitié,
De ces gerbes de seigle acceptez la moitié.
Oui, glanez ce qu'ici nous donne la culture,
Puisque pour vous la mer n'a plus de nourriture.
Ce chêne dont les bras recouvrent le talus,
Mes aïeux l'ont planté voilà cent ans et plus.
Qu'il tombe! Façonnez dans le tronc et les branches,
Pour un autre bateau, des membrures, des planches.
Bien rare est notre argent; mais de l'autre saison
Il reste encor du lin, du chanvre à la maison;
Nos doigts savent filer: pour refaire les voiles,
Allez donc retenir les bons tisseurs de toiles.
Enfin, pour que chez vous fleurisse encor l'espoir,
Nous prîrons le matin et nous prîrons le soir.
Vous l'avez dit: au chant harmonieux et triste
Il n'est cœur de Breton, de croyant qui résiste. »

Et comme les pêcheurs, des larmes dans les yeux,
Aux longs remercîments ajoutaient leurs adieux,
Les prenant par la main, le maître de la ferme,
Un homme aux longs cheveux, à la voix grave et ferme,
Dit: « Pourquoi nous quitter? C'est l'heure du repos,
D'échanger entre amis quelques joyeux propos;
Voyez autour de vous: les fléaux et les gerbes
Se taisent; midi sonne, et sur les nappes d'herbes
On dresse le repas, espoir des travailleurs;
De si rudes efforts par ces grandes chaleurs
Épuisent l'homme: il faut réparer la nature;
Double besogne a droit à double nourriture.
Oh! sentez-vous fumer et la soupe et le lard?
Quel cidre frais et clair! Prenez-en votre part.

Près de moi les enfants ! Ici les bonnes mères !
Pour l'heure, mes amis, trêve aux choses amères. »

Et dans le vert courtil égayé par le ciel
Le banquet s'accomplit, le banquet fraternel.
O fermier, pour cette œuvre hospitalière et bonne,
Que de chanvre et de blé votre logis foisonne !...

Encor ! — Six mois venus, derechef attablés,
Les sillonneurs de mer et les batteurs de blés
Dans un ample repas gaiment vidaient leurs verres.
Cette fois la maison que recevait les frères
S'ouvrait devant le port où, comme un alcyon,
Un bateau neuf flottait avec son pavillon.
Le nom de Colomban brillait sur la chaloupe,
Et des fleurs l'entouraient de l'avant à la poupe :
Le recteur, invité comme un père, arriva
Présider au festin ; puis, quand tout s'acheva,
Il marcha vers le port en long surplis de neige ;
Leurs cierges allumés, tous lui faisaient cortège ;
La femme du vieux Coulm venait au dernier rang,
Les mains jointes, les yeux attendris et pleurant,
Et chacun, à la voir passer si radieuse,
Disait avec amour : « Oh ! la religieuse ! »
La peuplade d'Enn-Tell encombrait le chantier ;
Le mousse fièrement portait le bénitier ;
L'encensoir au novice ; enfin, selon le rite,
On fit brûler l'encens, on jeta l'eau bénite,
Et cent voix appelaient la divine bonté
Sur la barque de chêne, œuvre de charité.
Aussitôt les pêcheurs quittèrent le rivage,
Criant aux campagnards qui leur disaient : Courage !

« Amis, laissez demain ouvertes vos maisons,
Car nous voulons couvrir vos tables de poissons. »
Et les rames en mains, oubliant leur souffrance,
Ils entonnaient encor la chanson d'espérance :

　　« Jésus nous conduira sur l'eau,
　　Va sans peur, mon petit bateau. »

Cantique doux et fort, qui les menez sur l'onde,
Accompagnez partout les voyageurs du monde !
Faites leur esprit fier, leur cœur simple et léger !
Qu'ils regardent le but plutôt que le danger !
Heureux l'humble de cœur, honneur au magnanime
Qui, les voiles au vent, va chantant sur l'abîme !

La Sirène

A l'amiral Laguerre

Robert, ancien marin retiré dans ses terres,
Vieillit entre sa bru, son fils et leurs enfants ;
Mais parfois un ennui ride ses traits austères,
Et seul, les bras croisés, il erre à travers champs.

Quel grain de mer lointain, quel souffle du rivage,
Viennent troubler son front, mettre son âme en feu ?
Or, un matin, armé du bâton de voyage,
A sa jeune famille il dit un brusque adieu.

Les larges pantalons, la ceinture de laine,
La veste molle et chaude, il a tout revêtu ;
La bouteille d'osier pend, jusqu'au bouchon pleine,
Sur sa chemise bleue au collet rabattu.

Il baise des enfants la chevelure blonde
Et part, mais si léger, son regard est si doux !
On dirait un novice allant au Nouveau-Monde,
Un amoureux courant au premier rendez-vous.

Aux chapeaux qui parfois se levaient sur sa route
A peine répondait son chapeau goudronné :
« Comme vous passez fier ! Une dame sans doute
Vous attend au manoir, jeune homme fortuné ! » —

« Ils l'ont dit : je vais voir ma maîtresse, ma dame,
La fée à qui j'offris dès quinze ans mes amours,
La Sirène aux yeux verts qui chante dans mon âme !... »
Et le fier matelot marchait, marchait toujours.

Aux murs de Lorient il arrive, il salue
La gracieuse tour svelte comme un fuseau ;
Coudoyé des marins à chaque coin de rue,
Il lit sur leur ruban le nom de leur vaisseau.

Son cœur est plein de joie et ses yeux sont en larmes ;
L'air salin de la mer ravive son vieux sang ;
Le voici dans le port, et, sur la place d'Armes,
Le bruit des artilleurs l'arrête frémissant.

Passent des officiers aux brillants uniformes ;
Plus loin c'est l'arsenal avec ses noirs canons,
Et les boulets ramés et les bombes énormes,
Mille engins dont la mort aime et connaît les noms.

Les marteaux des calfats enfonçant leurs étoupes
L'attirent, et, poussant gardiens et matelots,
Par-dessus les pontons, les radeaux, les chaloupes,
Il approche, il revoit la merveille des flots.

« Oh ! qu'elle est belle encore à partir toute prête,
Celle qui m'emporta jeune homme sur ses flancs !

Celle à qui je reviens dans mes habits de fête,
Comme elle est jeune et belle !... Et j'ai des cheveux blancs !

« Qu'elle fut bien nommée ! hélas ! un nom de fée !
Un nom d'enchanteresse ! Elle vous jette un sort :
Voilà toute autre flamme en vous-même étouffée,
Vous êtes son esclave à la vie, à la mort. »

Et leste et vigoureux, malgré sa barbe blanche,
A l'échelle de corde il montait triomphant,
Puis, touchant la mâture, embrassant chaque planche,
A genoux le vieillard pleurait comme un enfant.

Mais l'ancre vient à bord : Robert une seconde
Dans son cœur hésita ; pourtant il lui fallait
Une dernière fois faire le tour du monde !
Et la Sirène au loin s'en allait, s'en allait...

Toujours habitez-vous dans la mer, ô Sirène ?
Ah ! comme les marins, partout dans l'univers
Chacun trouve, amoureux, l'idéal qui l'entraîne,
Et que jusqu'à la tombe il suit les bras ouverts.

Le Gardien du Phare

A Monsieur Alfred de Courcy

Enfermé dans sa tour depuis bien des semaines,
A neuf milles en mer, par une sombre nuit,
Comme un maudit exclu des familles humaines,
Le bon gardien chantait pour calmer son ennui :

I

« Sur un îlot désert si je vis en sauvage,
Ce n'est point par horreur des choses de notre âge ;
Comme un pieux ermite, hélas ! seul en ce lieu,
Hélas ! je ne suis point venu pour prier Dieu.

II

Dans une tour de pierre au-dessus de l'abîme
Les hommes ne m'ont pas enfermé pour un crime;
Au juge mon honneur ne doit pas un denier;
Libre, je me suis fait mon propre prisonnier.

III

C'est pour nourrir ma mère, et mon fils, et ma femme,
Qu'ici, loin des humains, je vis avec mon âme,
Ne voyant que le ciel, ne voyant que la mer,
Et mangeant un pain dur mêlé de sel amer.

IV

Jour et nuit je n'entends que les âpres rafales
Des vents d'ouest et du nord, et les blanches cavales
Qui viennent sur mon roc bondir en hennissant,
Pour reprendre sans fin leur assaut impuissant.

V

Voici mes compagnons : les cravans, les mouettes,
Les courlis, dont les voix ne sont jamais muettes,
L'immense cormoran qui plane en roi sur eux,
Et les jours de gros temps les poissons monstrueux.

VI

Je suis moi-même un roi solitaire et bizarre,
Pour remplacer le jour, quand j'allume mon phare,
Il dit : « N'approchez pas ! » redoutable signal !
Quel drapeau fut jamais plus fort que mon fanal ?

VII

Tel est mon sort étrange. Et pourtant, je m'en vante,
Je suis l'amour de ceux dont je fais l'épouvante

Voyant leur vaisseau fuir, je murmure : « C'est bien ! »
Ils vont, sauvés par moi, prier pour le gardien.

VIII

Ainsi mes tristes nuits passent. Dans la journée
Je tiens ma longue-vue avec bonheur tournée
Vers la pauvre maison où tout ce qui m'est cher
Tourne aussi son regard et son cœur vers la mer.

IX

Quand pourrai-je les voir? — Ce matin mon vieux père
Disait, en abordant le bateau d'un douanier :
« Sans peur laissez la clef dans la serrure... à terre!
Des bras vous sont ouverts là-bas, bon prisonnier. »

Les Iliennes [1]

A Monsieur Michel Bouquet, peintre

I

Par un soir de grand deuil, de tous les bords de l'île,
Vers l'église on les vit s'avancer à la file ;

Chacune elles avaient leur chapelet en main,
Lentement égrené par le triste chemin ;

Jusqu'à terre à longs plis pendait leur cape noire,
Mais leur coiffe brillait blanche comme l'ivoire.

Et c'était en Léon et dans l'Ile-de-Batz,
L'île des grands récifs et des sombres trépas,

Où les sillons des champs sont creusés par les femmes,
Tandis que leurs maris vont sillonner les lames :

Au tomber de la nuit, dans ce funèbre lieu,
Ces femmes allaient donc vers la maison de Dieu.

---

1. Les *iliens*, les *iliennes*, nom local dont la nuance se perdrait dans le grand mot *insulaire*.

II

Bien humble est la chapelle, humble est le cimetière
Où chacune en priant vient chercher une pierre,

Quelque pierre noirâtre avec son bénitier,
Mais vide du cher mort qu'on ne peut oublier;

Car les corps sont absents de ces tombes étranges...
Voici ce qu'à genoux elles lurent, ces anges,

Et de leurs cœurs tombaient des murmures pieux,
L'eau sainte de leurs mains, des larmes de leurs yeux :

« Au capitaine Jean Server dans un naufrage
Mort loin de la Bretagne avec son équipage!

— A Pôl Lévà, sombré dans l'Inde! — Aux deux Juliens,
Jetés sur le cap Horn et perdus corps et biens! »

Et d'autres noms encor avec leur date sombre,
Disant les lieux de mort, des morts disant le nombre.

Or ces noms, sur les croix déjà presque effacés,
Vivaient en plus d'un cœur fidèlement tracés,

Dans votre souvenir, ô chastes iliennes!
Gémissant et priant sur ces tombes chrétiennes

Pour ceux qui, ballottés dans un lit sans repos,
Par où les durs cailloux sentent rouler leurs os :

Malheureux dont la voix pleurante vous arrive
Avec les cris du vent, les fracas de la rive!...

III

Mais voici près de vous, par ce lugubre soir,
D'autres femmes venir sous leur mantelet noir;

Et leurs bras vers la terre, elles disent : « O veuves!
N'est-il plus dans ce champ béni de places neuves?

« Nous avons, comme vous, des pierres à poser,
Et nous n'avons, hélas! nulle fosse à creuser.

« Pleurez, veuves! de pleurs inondez cette argile!
Nos pères et nos fils ne viendront plus dans l'île :

« Dans la couche éternelle, on ne voit pas chez nous
Les femmes reposer auprès de leurs époux;

« Mais pour garder leurs noms, apprenez-nous, ô veuv
S'il n'est plus dans ce champ béni de places neuves. »

IV

O rites inspirés, religieux tableaux,
Toujours du sol breton vous surgissez nouveaux !

Après mille récits sur les lieux, sur les choses,
Le poète disait : mes histoires sont closes...

Et pour semer l'air fort qui vient de l'exalter,
Fervent révélateur, il se met à chanter.

Les deux Marées

I

Lorsqu'au lever du jour s'avança la marée,
Par un soleil de mai, rose, claire, azurée,
Avec tous ses oiseaux, mauves et goëlands,
La caressant de l'aile ou portés sur ses flancs,
Et ses molles rumeurs, ses brillantes écumes,
Les fantômes mouvants exhalés de ses brumes.
Moi, couché sur la dune entre l'onde et le ciel,
De l'un aspirant l'air et de l'autre le sel,
Rêveur adolescent, dans cette mer montante
Je voyais le tableau de ma vie ascendante :
« Espoir de l'avenir, promesses du printemps,
Venez, inondez-moi ! bonheurs, je vous attends !
Mes bras vous sont ouverts, je sens s'ouvrir mon âme.
O mer, trompe mon être, et rends-le pur, ô flamme ! »
Puis, le flux arrivé, lorsqu'enfin les îlots
Eurent caché leurs fronts noirâtres sous les flots,
Mon livre et mes habits jetés sur le rivage,
Je défiais les fils des pêcheurs à la nage ;
Et souples, et nerveux, le plaisir dans le cœur,
Nous voilà tous luttant d'audace et de vigueur.

Ainsi je m'élançais, les cheveux à la brise,
Déployant ma poitrine où la vague se brise,
Et par l'onde bercé, doré par l'astre d'or,
Je chantais, je riais, et je chantais encor.

II

Vers cette même plage, après maintes années,
Je reviens : sur le bord les feuilles sont fanées ;
C'est l'été qui décline et le déclin du jour,
C'est la mer qui descend ; les vagues tour à tour
Semblent se lamenter, à regret fugitives.
Des goëlands aussi que les voix sont plaintives !
L'Océan rétrécit son magique lointain,
Le ciel est abaissé, l'horizon incertain.
Adieu les longs projets et les rêves sans borne !
L'esprit vers le passé se tourne froid et morne ;
Sans espoir de retour on quitte chaque lieu,
A tout ce qu'on aimait il faut dire un adieu.
Mais des arbres touffus qui pendaient sur la grève
Quels fruits mûrs sont tombés ! Aux jours frais de la sève
J'ai respiré les fleurs, je savoure les fruits.
La mer, en s'éloignant calme, tiède et sans bruits,
Sur l'arène brillante, aux algues, durs feuillages,
La mer a sous mes pas mêlé les coquillages :
La moisson va s'ouvrir ; sur le lit des galets
Tandis que les pêcheurs étendent leurs filets,
Les pieds fins des enfants et des filles alertes
Bientôt seront marqués sur les plages désertes.
O richesses du soir ! Quand notre soleil fuit,
Arrivent par milliers les soleils de la nuit !

Les Bains de mer

A Monsieur le marquis A. de Belloy

LA MAISON.

Sage qui tient son âme ouverte à l'avenir :
Hélas! je vis d'espoir moins que de souvenir.
Mon chant mêlé de plainte est pour tout ce qui tombe,
Je visite un berceau moins souvent qu'une tombe.
Ce que j'aime ira-t-il sous la commune loi?
Verrai-je en mon pays, ô mon cher de Belloy!
Tout pâlir, les enfants au langage infidèles,
Et les men-hîr brisés pour les routes nouvelles?
Je veux, poète ami, dans un vivant tableau,
Montrer le temps ancien devant le temps nouveau.

La maison du marin, dans la mer réfléchie,
D'une chaux vive et claire est récemment blanchie;
Une vigne l'entoure, et devant l'humble lieu,
Son fils entre ses bras, est la Mère de Dieu,
Malgré le poids des ans, brave encore et légère,
Voici comme un matin parlait la ménagère :

« La chaleur est venue et la saison des bains;
Mon mari, mes enfants, n'épargnons pas nos mains :

Mettez dans chaque lit une couche de paille,
D'un bel enduit de chaux recouvrez la muraille,
A défaut de richesse ayons la propreté,
Une maison riante et pleine de clarté.
Ceux que l'été conduit sur ces pauvres falaises,
Dans leurs grandes maisons avaient toutes leurs aises :
A ces corps épuisés, à ces esprits souffrants,
Soyons hospitaliers... Enfin, pour être francs,
Cette saison apporte au logis une somme
Telle que nul filet n'en recueille, mon homme !
La dot de notre fille ainsi va s'amassant,
Et le fils a déjà gagné son remplaçant.
Pour Dieu, ne grondez plus ! Des moissons aux vendanges
Habitons le hangar, les étables, les granges;
A d'autres la maison : quand ils seront partis,
Riches nous rentrerons, pauvres étant sortis. »

D'une voix qui commande, ainsi parlait la mère,
Mais sombre était le fils et sombre aussi le père.
Avec leurs voiles verts, avec leurs feutres gris,
Arrive cependant de Nantes, de Paris,
Le monde des baigneurs. Assemblés sur la grève,
Ils contemplent les flots qu'ils n'avaient vus qu'en rêve.
Le grand spectacle emplit leur esprit et leurs yeux ;
Tous, jusques aux parleurs, deviennent sérieux :
Quel magique opéra, quelle ardente peinture
Devant toi ne pâlit, souveraine nature !

Chaque jour a sa fête : et d'abord dans la mer,
Dans ces flots écumeux chargés de sel amer,
On se plonge, on reçoit les assauts de la lame,
Et le corps affaibli se ranime avec l'âme.

De nageurs se faisant apprentis matelots,
Ils suivent les pêcheurs au milieu des îlots.
Noirmoutiers à leurs pas ouvre son sanctuaire :
Moines qui blanchissez cet antique ossuaire,
Vous, morts dans le silence et les austérités,
Que vous devez gémir de ces légèretés !...
Mais vous vous rendormez paisibles dans vos tombes
Au long roucoulement de vos sœurs les colombes.
Visitant chaque îlot et leurs roches à pic,
Les barques vont ainsi tout le long de Pornic.

Dans les terres parfois de longues promenades
Emportent à grand bruit désœuvrés et malades.
Les dames hardiment suivant leurs cavaliers,
Passent, brillants éclairs, à travers les halliers ;
D'autres, qu'a transportés leur calèche superbe,
Descendent et gaîment font un repas sur l'herbe,
Tandis que sur le bord d'un taillis, à l'écart,
Son album déployé, rêve un ami de l'art.
Au retour, les bains frais où vient trembler la lune,
Le bal sous les bosquets, le concert sur la dune,
Mille intrigues ; enfin, baigneurs, vous le savez,
Les plaisirs... et les maux de Paris retrouvés.
Quel est donc parmi vous, sous un chapeau de paille,
Ce porteur éternel d'un binocle d'écaille,
Tout de la tête aux pieds habillé de nankin,
Qu'une rime très riche a surnommé faquin ?

Oh ! le fils du pêcheur et de la bonne hôtesse
A senti son esprit déborder de tristesse.
Il quitte pour trois mois son logis, son bateau.
Adieu ! — Comme il passait sous les murs du château,

Trouvant le vieux recteur, il découvre sa tête;
Puis, sa course reprise, à la fin il s'arrête
Près d'un immense amas de dôl-men renversés,
Énigmes pour nos temps, titres des jours passés;
Là, tourné vers le port et sa maison natale,
Le jeune Gratien pleure, et son cœur s'exhale :

« Adieu donc, mon pays, puisqu'on n'y vit plus seul!
Enclos où dans ses bras me portait mon aïeul,
Église où tout enfant j'allais servir la messe,
D'où si léger, si pur, je sortais de confesse,
Adieu! Mais, flots amers, nid des bois, prés en fleurs,
J'emporte vos parfums, vos chansons, vos couleurs.
Ah! de loin j'aperçois ma barque et ses deux rames!
Demain avec un autre elle fendra les lames...
C'est une chose étrange en moi, cœur si chrétien,
Frère de tous, cherchant toujours quelque lien :
Tout, hors de mes amis, m'emplit d'inquiétude,
J'ai besoin du silence et de la solitude.
Bonheur de vivre seul et maître dans son bourg!
Tout le jour on travaille et le soir on discourt,
Attablés en buvant sur le seuil de l'auberge,
Puis chacun va dormir sous ses rideaux de serge.
Le dimanche, après messe et vêpres et sermon,
Les boules bruyamment courent sur le gazon.
Dans mon heureuse enfance ainsi vivaient nos pères :
Les fronts étaient joyeux, les mœurs étant sincères...
Oh! par les citadins nos champs sont envahis!
Mais nos souliers ferrés vont-ils dans vos pays,
Hommes vains et légers, et vous, ces élégantes
Par qui nos libres sœurs deviennent des servantes?
Ah! si là, dans ce fond, j'en voyais un marcher,

Ma main ferait bondir sur ses pas ce rocher!...
Non, adieu! Dans mon cœur n'allumons point la haine,
Et de retour, Seigneur, à la saison prochaine,
Que, passant mon chemin sans me voir coudoyer,
Je retrouve la paix assise à mon foyer! »

Il partait, mais Odette avait suivi son frère :
« Vous me quittez, dit-elle, et vous quittez la mère? »
Puis elle s'arrêta, triste, sur le chemin,
Attendant sa réponse : il lui tendit la main,
D'une larme il mouilla ce gracieux visage,
Et sans autre parole : « O ma sœur, soyez sage! »
Il s'enfuit, et bientôt la poudre des sentiers
D'un nuage blanchâtre enveloppait ses pieds.

L'ÉGLISE.

Après six jours d'ennuis et de rudes travaux
Pour le pain nécessaire et pour tant d'autres maux
Il est doux, lorsque luit le matin du dimanche,
De voir en beau costume, habit bleu, coiffe blanche,
A la messe du bourg venir ces travailleurs :
Ils marchent sérieux par les sentiers en fleurs,
A travers les grands blés, au bord des vertes haies,
Humant à pleins poumons la senteur des futaies,
Et ravivés par l'air, l'aspect de chaque lieu,
Ils entrent souriant dans la maison de Dieu.

Pornic, c'est votre fête aujourd'hui : cent villages
Dans les terres épars ou qui longent les plages
Sont venus, et pêcheurs, campagnards et bourgeois

Encombrent le chemin et le pied de la croix ;
Les mains serrent les mains ; on cause, on s'examine :
Plus d'un œil est perçant, plus d'une langue est fine.
Chut ! la cloche a sonné, la foule entre, et chacun
Confond tous ses pensers dans le penser commun.
Voici le Kyrie, l'Épître, l'Évangile.
Tout le drame divin sur cet autel fragile
S'accomplit. Mais le prêtre ôte ses ornements,
Monte en chaire, et, de là, muet quelques moments,
Ce vieillard :

        « Aimez-vous, enfants, les uns les autres,
Voilà ce que disait le plus doux des apôtres.
Après lui je dirai : Marins et paysans,
Chrétiens de toute classe, aimez-vous, mes enfants.
Ainsi vous parlerait Ève, mère des mères,
Et, serrés dans ses bras, nous nommerait tous frères...
Des frères cependant séparés, différents,
Par l'orgueil insensé de nos premiers parents,
Eux qui sortis pécheurs de l'unité suprême,
Nous somment d'y rentrer par le mot divin : J'aime !
Pour le bonheur commun, ô mes fils, aimez-vous !
Plus de riche orgueilleux, plus d'ouvrier jaloux !
Toujours lorsqu'à l'autel s'élèvera l'hostie,
Élevez tous votre âme et n'ayez qu'une vie.
Préparés par l'amour, hommes de la cité,
Ayez donc le respect de l'hospitalité ;
Et vous, gens du pays, accueillez avec joie
Les frères que le ciel chaque été vous envoie. »

A ces mots, le bon prêtre ouvrit des bras tremblants,
Et chacun l'admirait sous ses beaux cheveux blancs ;

Sur lui les jeunes gens fixaient leurs yeux de flammes;
Et les vieillards pensifs, les blonds enfants, les femmes,
Tels ceux-là qu'instruisit l'apôtre bien-aimé,
Savouraient ce discours, comme un miel embaumé.

Il reprit : « Aimez-vous avec des âmes pures,
Et surtout aimez Dieu, vous tous ses créatures.
Oh! combien de motifs, marins et campagnards,
De tourner vers le ciel votre âme et vos regards!
Comme un père est heureux s'il a pour sa famille
Le pain qui la nourrit et le lin qui l'habille,
Lui, le père céleste, il vous a tout donné :
Le grain germe en vos champs dès que l'heure a sonné;
Il s'élève, il mûrit, et vos granges sont pleines;
Brebis sur vos coteaux et moissons dans vos plaines,
Tout abonde; la mer, immense réservoir,
D'innombrables poissons pour vous sait se pourvoir;
Vos barques sur ses flancs passent comme des reines :
Que vos bonheurs sont grands, si grandes sont vos peines!
Mais aimez le travail, c'est lui qui vous rend forts.
Tirez même un orgueil permis de vos efforts :
L'animal par instinct trouve sa nourriture,
L'homme, tel qu'un tribut, l'arrache à la nature,
Et vous, mes paroissiens d'un jour, que des ennuis
Autant que les plaisirs sur nos bords ont conduits,
Laissez-vous pénétrer par leurs charmes austères :
Tout entiers plongez-vous dans les eaux salutaires,
Et quand de la cité vous prendrez les chemins,
Plus riches des bienfaits répandus par vos mains,
Saluez d'un adieu d'amour et d'espérances
Le grand réparateur de toutes les souffrances. »
Bientôt le saint vieillard devant l'autel chantait :

« Allez, la messe est dite ! » — Et le chœur répondait :
« Grâces à Dieu ! »

      Voyez la pieuse assemblée,
Dans quel ordre parfait elle s'est écoulée !
Sous le porche ils semblaient, passant avec lenteur,
Se rappeler encor la voix de leur pasteur...
Mais, aux bras des messieurs bruyants, les demoiselles
Avec de grands éclats déployaient leurs ombrelles ;
Déjà pendant la messe, on les vit maintes fois,
Sur leurs chaises penchés, causer à demi-voix,
Lorgner et se sourire, et c'était un scandale
Pour ceux qui gravement à genoux sur la dalle,
L'œil fixé sur l'autel, disaient leur oraison.
Et voici derechef sur ce pieux gazon,
Quand chacun prie encor pour un père, une mère,
Pour tous ceux qui sont là sous leur monceau de terre,
Qu'ils passent en dansant, tous ces couples légers !...
« Çà, que viennent ici faire ces étrangers ? »

Villageois, villageois, malgré vos justes plaintes,
Que j'en pourrais nommer de ces familles saintes !
Mères, toutes les nuits veillant sur des berceaux,
Magistrats et penseurs usés par les travaux,
Que souvent vous verrez de chaumière en chaumière
Tendre secrètement une main aumônière !
Et le soir, près des lits, les deux graves époux,
Et les jeunes enfants seront tous à genoux.

LE BAL.

« Non, ma mère, ce soir n'allons pas à la danse.
Je suis jeune et pourtant mûre par la prudence.

Si mon frère était là, lui, mon ange gardien,
J'irais, j'irais danser : avec lui tout est bien.
— Ma fille, j'ai pour vous les plus fines dentelles;
Jamais riche à Pornic n'en porta de plus belles.
Venez donc à ce bal, Odette, mon espoir :
Mes yeux dans votre éclat, mes yeux veulent vous voir. »
Elle dut obéir; puis, à tout ce qui brille,
Pourquoi tenter les yeux et l'esprit d'une fille ?
Ajoutons que ce bal, le dernier de l'été,
Avec mille splendeurs, ce bal sera fêté :
Jongleur, feu d'artifice; un chanteur en vacances
Doit sur le piano soupirer ses romances.

La veille de ce jour, Gratien à son bord,
Cabotier de Paimbœuf, près de quitter le port,
Lisait dans un billet sans nom : « Revenez vite! »
Le mal qu'on voit en face est un mal qu'on évite.
Aussitôt le marin vers Pornic voyageait,
L'âme et l'esprit troublés. Cependant chaque objet
Tout le long du chemin comme un ami l'accueille :
Sur sa tige la fleur et l'oiseau sous la feuille,
Si bien (comme à vingt ans ils savent s'enchanter!)
Qu'en mesurant ses pas il se prit à chanter :

« Marin, j'ai visité bien des terres, des îles,
Mais dans le nouveau monde et dans le monde ancien,
Je songeais à mon bourg parmi ces grandes villes;
Admirant ces pays, je regrettais le mien.

« Dans les temples dorés, lorsque, plein de surprise,
J'entrais, cherchant celui qu'il faut chercher partout,
Pourquoi rêver au saint de ma petite église,
Entre deux pots à fleur dans sa niche debout?

Certe en ces beaux climats bien des filles sont belles,
Mes regards les suivaient et j'étais ébloui :
« Cependant ta moitié, jeune homme, vit loin d'elles ? »
Me demandait mon cœur, et je répondais : « Oui. »

A ton chant de retour, marin, je veux moi-même
Unir un nouveau chant pour la terre que j'aime !

Le poëte est heureux à qui le ciel donna
Un sol vierge et puissant que son cœur devina ;

Quand d'autres murmuraient : « Terre inculte et sauvage ! »
Moi je t'aime, ai-je dit ; tu n'es point de notre âge.

Oui, ton charme indicible est dans cette âpreté,
Et tu lui dois ta force et ta douce fierté.

Aussi je chanterai dans mes rimes dernières
Et tes antiques mœurs et tes nobles chaumières.

Et mon œuvre sera. Du fond de mes taillis
Je pourrai m'écrier : Breton, j'eus un pays !...

Homère n'a chanté que les fils de l'Hellade :
Un maître le disait, et sa voix persuade.

Mais finis, Gratien, ta chanson de retour
Où la tristesse calme alterne avec l'amour.

« Soutenez-moi, Seigneur ! une heure, une heure encore
Je verrai mes parents, mes amis, ma maison,
La Vierge que pour moi ma vieille mère implore :
Le retour est doux même après une saison.

« Hâtez-vous donc, mes pas! que votre course est lente!
Plus léger est mon cœur. Allez, allez, mes pas!
Ceux dont je suis aimé déjà sont dans l'attente;
Pour les bien embrasser ouvrez-vous, mes deux bras!

« Que nul ne soit absent dans la chère famille!
Qu'au foyer je retrouve et le pain et l'honneur!
Si ce joyau du pauvre avec moins d'éclat brille,
Contre un malheur si grand soutenez-moi, Seigneur! »

Mais tous ces noirs pensers, de nouveau son jeune âge
Devant lui les chassa : le parfum de la plage
L'enivrait; dans le port il revoit son bateau;
Soudain, près des dôl-men, sous les murs du château
Il passe comme un cerf sans détourner la tête,
Et baigné de sueurs à sa porte il s'arrête.
Le logis est désert! Reprenant son bâton,
Ami fidèle et sûr qu'il ramène au canton,
Par le bourg il s'en va pour chercher ceux qu'il aime,
Sur la grève, à l'auberge... Ardeur chez tous la même!
La poitrine battante et les cheveux au vent,
Vers vous, objets aimés, que j'ai courus souvent!

Sous des arbres lointains, le son d'une musique
L'attire; c'est le bal où la noblesse antique
Et tous les étrangers s'assemblent, il accourt :
S'il a des pieds légers, Gratien n'est point sourd,
Car, sous l'ombrage, aux cris d'une voix bien connue,
Il s'élance d'un bond : « Ma sœur! » A sa venue,
Cette enfant, jusque-là courageuse, pâlit
Et, remerciant Dieu, sur l'herbe défaillit.
Le bâton du marin et le jonc du jeune homme
Que son habit nankin dans le pays renomme

Sonnèrent : l'étranger fut brave et de bon ton,
Mais un jonc est flexible et dur est un bâton.

Partout ils sont pressés, les noirs semeurs d'alarmes !
Les vieux parents d'Odette étaient chez eux en larmes.
Gratien, à son bras tenant sa jeune sœur,
Entra dans la maison, les yeux pleins de douceur :
« Mon père, la voici ! » Puis de ses deux mains fortes,
Maître dans sa chaumière, il en ferma les portes.

Brita

De l'Aber-Ildût, en Léon.

I

UN VOYAGEUR.

L'air brûle, des sillons sort une âcre fumée ;
Immobile, la mer brille comme enflammée.
Iles qu'on voit au loin calmes sous le ciel bleu,
Par cet ardent juillet quand la mer est en feu,
Heureux sont vos pêcheurs !... Vêtu de simple toile,
Oh ! s'endormir bercé sous l'œil clair d'une étoile,
Boire la brise fraîche et sous les noirs îlots,
Parmi les gais poissons se jouer sur les flots !

UN HOMME DE LA CÔTE.

Une barque d'Ouessant [1], seigneur, vient à la rame ;
Elle approche ; à la barre est une jeune femme :
Vous pourriez au retour suivre ces *iliens*,
Bonnes gens aujourd'hui, bien que fils de païens...

1. En breton *Eussâ*, île du dieu Eusus.

Tandis que les rameurs amarraient près du môle,
(Ton havre, ô saint Ildût!) et que sur son épaule
Chacun péniblement chargeait un sac de grain,
La vierge aux grands yeux purs, mais voilés de chagrin
Telle qu'une sirène en surgissant de l'onde,
Sur son col répandait sa chevelure blonde,
Et pieds nus s'avança vers l'église du lieu ;
Tout me dit qu'elle allait pour accomplir son vœu :
A cette allure ferme, à cet air de rudesse,
On t'eût prise, ô Brita! pour une druidesse.

II

Or, ces vœux accomplis au patron de l'Aber,
Elle disait, la vierge, au front large, à l'œil fier,
Debout devant l'église, elle disait tranquille :
« Pourquoi, gens de la terre, admirer ceux de l'île ?
Sommes-nous pas Bretons et frères en Jésus ?
Eussâ n'a plus la pierre et les bosquets d'Eusus
Hier, Pôl, notre évêque, a vu brûler mon cierge.
Ma longue chevelure est celle de la Vierge.
Robustes sont nos bras, car nous semons les blés,
Nous, femmes, quand sur mer les hommes sont allés.
Qu'un navire se brise et sombre sur nos côtes,
Les pauvres naufragés, Dieu le sait, sont nos hôtes.
Si chez vous je descends, c'est que dans mon sommeil
Mon frère, qui voyage au pays du soleil,
Pâle, m'a visitée. Il gardait, l'enfant mousse,
Et sa douce figure et sa parole douce :
« Sœur, aux saints du pays faites une oraison,
Ou plantez une croix devant notre maison ;
Puis le prêtre étendra cette croix sous la terre,

Avec mon nom écrit, le nom de votre frère... »
Non, il ne mourra pas, celui que, tout enfant,
Ma mère me légua comme un fils en mourant!
Enfant que j'ai tenu sur les fonts de baptême,
La poudre a dessiné mon cœur sur ton cœur même;
Grandi, tu reviendras, le corps et l'esprit sains;
Sur la terre et sur l'eau j'ai prié tous les saints! »

III

« — Encor, encor, Brita, tes paroles naïves!
Cœur simple, esprit ouvert aux choses primitives,
Aujourd'hui j'ai fermé le livre du savoir;
Au livre de la vie, amoureux j'aime à voir... »

Mais l'inspiration expirait sur sa lèvre,
Comme le chant du barde après l'heure de fièvre.
« Si je revois Marie et la fille d'Hoël,
Ou la belle Nola, compagne de Primel,
Je leur dirai ton nom, Brita, blonde ilienne,
Sous tes cheveux flottants druidesse chrétienne! »

IV

Or ses trois compagnons, marins en cheveux blancs,
Des moulins revenaient, sous leurs sacs tout tremblants.
Le plus vieux souleva son vieux bonnet de laine
Et s'essuyant le front, et reprenant haleine:
« C'est un vrai paradis! Des taillis, des ruisseaux,
Et partout la chanson plaisante des oiseaux!
Quand le moulin moulait, moi, sous les feuilles vertes,
J'avais, comme un enfant, les oreilles ouvertes

A ces divins chanteurs! La plainte des courlis,
La plainte de la vague aux éternels roulis,
Voilà tous nos concerts... Mais l'hiver, la tempête
A des mugissements qui font lever la tête...
J'aime mieux mon pays que leurs prés verts et gras.
Si nos moulins sans air pouvaient mouvoir leurs bras,
Serais-je en terre ferme? Il fallait bien, filleule,
Venir où l'onde coule et fait tourner la meule.
Dans notre île aujourd'hui, nulle ombre où s'abriter.
La langue des brebis n'a plus rien à brouter
Le sol brûle les pieds. Sur l'herbe sèche et lisse
De nos dunes à pic, à chaque pas on glisse.
On m'a dit cependant que des chênes sacrés
Ombragèrent ces rocs du soleil dévorés,
Dévorés par les vents durant la saison noire,
Et des nids gazouillaient sur les branches... Que croire?
De soi-même ennemi, par le fer et le feu
L'homme aura follement détruit l'œuvre de Dieu...
Çà! j'ai toujours des pleurs au fond de ma poitrine.
En barque, matelots! Chargeons notre farine!
Aux rames cette nuit! A la pointe du jour,
La tourbe fumera joyeuse dans le four. »

V

Pourtant de main en main d'abord passa la gourde :
La rame la plus longue ainsi pèse moins lourde;
Puis, dans le crépuscule et ses légers brouillards,
S'éloigna le canot où ramaient les vieillards,
Et Brita les guidait, emportant, noble femme,
Le froment pour le corps et le froment pour l'âme.

La Traversée

A Monsieur Frédéric Mercey

> Nec sinit esse feros.
> OVIDE.

Adieu, ma ville! adieu, grève de Ker-Roman!
La grande voile s'enfle et frappe le hauban,
Je vois montr au loin les côtes de Belle-Ile,
Pour la dernière fois, adieu la blanche ville!
Et vous, hameaux sacrés où, comme un fils pieux
J'errais, interrogeant l'antique Esprit des lieux,
L'enfance dans les prés, sur son banc la vieillesse,
Tout ce qu'enferme un cœur aimant, je vous le laisse.
Mais déjà le navire entrait en pleine mer,
Tout s'imprégnait de sel et devenait amer,
Les vagues et les vents redoublaient leur secousse,
Les matelots juraient et l'on battait le mousse.
« Ah! dis-je, et de pitié mon cœur se soulevant,
C'est une lâcheté de frapper un enfant! »
Le matelot rougit, mais une jeune fille,
Aventurière, hélas! sans amis, sans famille,

Comme moi vint en aide au petit malheureux
Et, dans un coin du bord, murmura : « C'est affreux! »

Tel fut notre départ. Au terme du voyage,
D'où vient donc ce retour vers le sombre équipage,
Et qu'au roulis des flots en moi-même bercé,
J'achève à terre un chant sur la mer commencé?
Oh! ce chant, inscris-le sur tes feuillets d'ivoire,
Car c'est là, Poésie, un voyage à ta gloire,
Sirène dont la voix modère l'ouragan
Déesse qui soumets les loups de l'Océan.

Chaque soir, bruit des vents pareils à des couleuvres,
Tumulte des marins courant dans les manœuvres,
Féroces coups de mer; puis, au jour renaissant,
Cette fièvre des flots par degrés s'apaisant;
La voile est sans haleine et, sur une mer d'huile,
Comme un phoque s'endort le navire immobile.

Alors, quand sur le pont l'équipage étendu
Reposait, l'un fumant, l'autre en rêves perdu,
Quand la chaudière aussi, par le mousse allumée,
Sur nous joyeusement répandait sa fumée,
La jeune fille alors, les yeux vers l'horizon,
A ce monde inconnu jetait une chanson,
Le peuplait de châteaux, d'amoureux, de féeries,
Tant que nul ne troublait ses longues rêveries.
Parfois, vers un gros livre ouvert sur mes genoux,
Je voyais lourdement se traîner tous ces loups:
« Lisez-nous, disaient-ils, quelque nouvelle histoire,
Celle d'hier remplit encor notre mémoire. »
Sauvage naturel, mais instinct vierge et prompt;

Dès que la voix de l'Art interroge, il répond!
Comme l'aile des vents sur la cime des lames,
L'émotion courait rapide sur ces âmes,
Un mot assombrissait leurs yeux, ou, sans efforts,
Le rire sur leur lèvre arrivait à pleins bords.
Oh! lorsque le récit, grave, mais sans emphase,
Loin du monde présent les tenait en extase,
Malheur à l'importun qui ramenait du ciel
Ces esprits enivrés! ainsi le bon Mikel,
Obligé de passer, de repasser sans cesse,
Pauvre mousse, essuyait toujours quelque rudesse.
— « Mikel, disais-je alors, sur le banc assieds-toi.
En maître tu sais lire, un instant lis pour moi. »
Et le cercle s'ouvrait, et ce timbre sonore
Au charme du récit prêtait son charme encore,
Et des yeux des marins mes yeux voyaient sortir
Des larmes, à la voix de cet enfant martyr.

Poésie, ô parfum, accord, divine flamme,
Du livre de l'enfant, des chansons de la femme
Ainsi tu t'exhalais! Ainsi pacifié,
Le plus dur se laissait aller à la pitié!

Une nuit (froide nuit où, selon ma coutume,
Je marchais sur le pont en défiant la brume),
Le patron m'aborda, puis sa main dans ma main :
« Ah! si l'on m'eût montré plus jeune mon chemin!
Me dit-il brusquement, car je suis un sauvage...
Mais on peut, grâce à Dieu, se refaire à tout âge. »

Au point du jour, le vent souffla plus attiédi,
Sur nous se déployait le ciel bleu du Midi.

Sous les reflets dorés de ce soleil d'automne,
Quand le côtier breton entra dans la Garonne,
Les jurements, les cris n'éclataient plus à bord :
Chaque homme à son travail se tenait doux et fort,
Le mousse à pleine voix chantait sur un cordage,
Et la femme envoyait ses rêves au rivage.
Partout avec bonheur régnait l'ordre prescrit :
Le navire semblait conduit par un esprit.

Cycle

PREMIÈRE PARTIE

I

HARMONIES.

Fleurs de l'Art, mêlez-vous aux fleurs de la Nature;
Que sous des rameaux verts une blanche sculpture
Avec grâce s'élève et charme le regard !
De même au bord des eaux grandissant au hasard
    Ou dans les landes sans culture,
Fleurs des champs, mêlez-vous aux nobles fleurs de l'Art :
Ainsi tout se complète, et s'accorde ou s'épure.

    En Cornouailles.

II

LES PÈLERINS.

Doucement enlacés, et l'épouse et l'époux
Un matin cheminaient sur leur cavale blanche:

« Vers quel Pardon ainsi, jeunes gens, allez-vous?
                C'est demain un jour de dimanche.
— Sous les chênes voyez cette église au toit bleu :
A son divin patron nous allons faire un vœu,
                On revient trois de sa chapelle. »
La femme de rougir ; mais, dix mois révolus,
Fière de son bonheur, elle ne rougit plus :
Deux beaux enfants pendaient à sa double mamelle.

III

NOUVEAU PROVERBE.

D'autres pourront s'asseoir, Maglor, à votre fête :
On a tué le porc, on a chauffé le four,
Vos filles, vos garçons travaillent nuit et jour,
Un baril de vieux cidre, et qui porte à la tête,
Est percé sous la grange, et vous n'épargnez rien ;
Mais au seuil de la ferme est un énorme chien,
Aboyeur hérissé dont l'œil fauve est d'un traître,
Un hideux trouble-fête, et les cœurs empressés
Qui chez vous s'en venaient par lui sont repoussés,
            Et moi je dis : « Tel chien, tel maître. »

IV

LA COULEUVRE.

Le lait pur de la vache avait le goût des fleurs,
Son beurre doux et frais semblait une ambroisie,
Tant chaque fleur des prés et chaque herbe choisie
Aux mamelles versaient leurs parfums les meilleurs ;

Un-soir le lait coula sanglant : Oh! la couleuvre
Aura sucé les pis! Je reconnais son œuvre, »
Dit, en jetant le vase, un pâtre épouvanté,
Hélas! ainsi j'ai vu, par audace ou par ruse,
La vipère se pendre au sein blanc de la Muse :
Son lait ne coula plus que trouble, ensanglanté.

V

LES DEUX CIERGES.

A son lit d'agonie et le père et la mère
    Avaient mis un double flambeau,
Comme pour lui montrer, dévotion amère!
Les lueurs qui devaient la conduire au tombeau;
Mais cet apprêt funèbre épouvanta la vierge;
Sa main faible et pâlie, indiquant chaque cierge,
Fit signe d'éloigner cette affreuse clarté.
    Auréole douce et fidèle,
    La vierge avait sa pureté
Qui depuis le berceau rayonnait autour d'elle.

VI

A MARIE.

    Restez inconnue, ô Marie!
A filer loin du bourg près de votre foyer,
    Tout aux soins de la métairie
Et des fils que le ciel voulut vous envoyer.
Mais riez avec moi d'une méprise étrange:
Une fée au teint noir fut prise pour un ange,

Pour vous, ô fleurs du Scorf, ô perle de l'Ellé !
    Légère comme l'hirondelle,
Lorsqu'enfants nous courions pieds nus, le long du blé,
    Vous que l'amour fait immortelle !

VII

LA BRAHMINE.

(Traduit de Vyasa.)

Belle comme Lackmî, la déesse immortelle,
La vierge Sâvitrî devint grande comme elle ;
Treize ans elle grandit en beautés, en vertus,
La merveilleuse enfant aux doux yeux de lotus ;
Enfin l'heure lui vint d'être une fiancée,
Et les hommes, épris de sa taille élancée,
De ses bras arrondis et semblables à l'or,
Murmuraient : Quel héros gagnera ce trésor ?
    O belle forme étincelante !
De l'éclat du jeune âge elle est comme brûlante. »

VIII

A SÉLÉNÉ.

(D'Orphée.)

Habitante des airs, ô Lune vigilante,
Qui chaque mois vieillis, rajeunis tour à tour,
Blanche reine des cieux, sur ta route brillante
Tout un cœur étoilé te suit, divine cour !

Amante de la paix et de la joie aimable,
Lune, vois nos plaisirs et sois-leur favorable;
Protectrice des bons, écarte le danger,
O gardienne des nuits, vierge au sommeil léger!

IX

TIRÉSIAS.

(De Callimaque.)

C'était sur l'Hélicon, au bord de l'Hippocrène.
Sous les arbres régnait le calme de midi,
Quand la noble Pallas (ô Sages, votre reine!)
Vint plonger son beau corps dans le bain attiédi;
Or, un jeune chasseur, enfant à tête blonde,
Par une ardente soif vers la source conduit,
Put voir, l'infortuné, dans le cristal de l'onde
Un spectacle divin aux mortels interdit.
Elle se courrouça, le sévère déesse :
« Jeune homme, sois puni!... je te plains cependant. »
Hélas! il avait vu sans voiles la Sagesse,
Un nuage couvrit les yeux de l'imprudent.

X

A VÉNUS.

(D'Horace.)

O reine de Paphos! Vénus, aux blonds cheveux,
Abandonne aujourd'hui la riante Cythère

Pour la maison splendide où t'appellent les vœux
Et l'encens de Glycère.

Vienne l'enfant Amour qui mène à tes côtés
Les Grâces déliant leurs légères ceintures,
La jeunesse sans toi trop pleine d'âpretés;
Et vienne aussi Mercure.

XI

ÉPIGRAMME.

(De Virgile.)

J'ai fait des vers, un autre en eut tous les honneurs.
Vous pour un autre aussi portez sous les chaleurs,
Brebis, vos toisons blanches;
Vous pour un autre aussi posez, oiseaux chanteurs,
Votre nid sur les branches;
Vous pour un autre aussi, grands bœufs, de vos sueurs
Fertilisez les terres;
Vous pour un autre aussi, pompez le suc des fleurs,
Vous, abeilles légères!

XII

PRIÈRE.

(De Synésius.)

Inconnu des mortels, pouvoir connaître Dieu
Et vivre en paix des jours obscurs, tel est mon vœu.

Compagne du vieillard vienne à moi la Sagesse,
Même pour le jeune homme elle vaut la richesse :
Excellente à tous deux ! Avec un doux souris
Elle endure les maux dont nos jours sont aigris.
Seulement écartez, ô ciel ! de mes études
La sombre pauvreté, source d'inquiétudes ;
Pour qu'au seuil du voisin je n'aille pas m'asseoir,
Que j'aie une chaumière où reposer le soir !...
De là montant enfin vers la cause suprême,
Mon âme deviendra comme Dieu dans Dieu même.

XIII

AUX PRÉCURSEURS.

(Des Hymnes de l'Église.)

Disciples du Seigneur bien avant sa venue,
Justes, noble cohorte et souvent méconnue,
    O premiers pères des croyants !
Qui pourrait célébrer par de dignes louanges
Vos espoirs, vos ardeurs ? Frères humains des anges,
    Cœurs illuminés, ô voyants !
Ici-bas étrangers, vous méprisez le monde,
Et c'est sur l'esprit seul que votre espoir se fonde
    Pour décider des biens promis ;
D'en bas vous contemplez les choses éternelles...
O Seigneur, donnez-nous aussi de fortes ailes !
    Ailes, fuyons aux saints parvis !

XIV

CANZONE.

(De Pétrarque.)

Comme elle avait au front l'enseigne de l'Amour,
Mon faible cœur s'éprit pour une pèlerine
Plus qu'une autre honorable, et sur la mousse fine,
J'allais en la suivant de détour en détour,
Quand de loin une voix sévère, une voix haute:
« Oh! que de temps perdu dans ce bois! quelle faute!»
Moi, tout pensif alors, regardant alentour,
Je cherche à me blottir sous un épais feuillage;
Là, je reconnus bien mon périlleux voyage,
Et m'en revins honteux presque au milieu du jour.

XV

LES VANNEUSES.

Légères sur leurs escabelles,
Debout, les bras tendus, elles vannaient, ces belles;
Sur la grève de Loc-Tûdi,
Elles vannaient leur seigle au soleil de midi:
La balle volait sur les ondes
Et sur un drap tombait le grain des moissons blondes.
Longtemps j'admirai leur beauté,
Puis je dis dans mon cœur, dans mon cœur attristé:
Souffle du ciel, vivante flamme,
Hélas! si l'on pouvait aussi vanner son âme!

En Cornouailles.

XVI

AMITIÉS.

Le soir où j'arrivai, le chien noir dans sa loge
Aboya, les deux chats accroupis sous l'horloge
Hérissèrent leurs poils et l'enfant, réveillé,
Dans son berceau se prit à vagir, effrayé,
La fermière sur moi fixait un œil farouche ;
Si j'arrive aujourd'hui le rire est sur sa bouche,
L'enfant me tend les bras au bord de son berceau,
Le chien sur mes genoux vient poser son museau,
Sur la cendre à mes pieds les chats viennent de même :
Les voilà tous amis de celui qui les aime.

XVII

AUX FERMIERS DE COAT-FORN.

Misères ! on ne voit que porteurs de besaces,
Haillons et membres nus sortant de leurs crevasses,
Enfants hâves, vieillards perclus, êtres hideux...
    Sans compter les pauvres honteux.
Braves gens, vous savez combien, en moins d'une heure
Sont venus en priant près de votre demeure,
    Mais à tous s'ouvrait votre main...
Oh ! puisse, à travers champs, toute miette de pain
Qui tombe se changer en un beau grain de seigle !
Le ciel donne à la main qui donne : c'est la règle.

XVIII

UN BAPTÊME.

Devant un frais jardin quand elle vint au monde,
Sous ses cheveux légers elle parut si blonde,
Que son père la prit sur son cœur, l'embrassa,
Et, d'amour rayonnant, ainsi la baptisa :
« Oui, sous les arbres verts et sur l'herbe odorante,
Tu seras tout le jour comme une abeille errante ;
Et, dans mes longs travaux, souvent, pour m'apaiser,
Tu viendras m'apporter le miel de ton baiser :
Va donc sur la fleur blanche et sur la fleur vermeille,
Enfant aux cheveux d'or qu'il faut nommer ABEILLE. »

XIX

LES PROFANATEURS.

Sur sa base rayonne une blanche statue,
    L'envieux passe et brise un doigt ;
Une antique maison est bien vite abattue,
    Le chêne de cent ans tombe dès qu'il le voit ;
Il mutile son chien, puis d'une main grossière,
Il prive le coursier de sa noble crinière ;
Vous, fils des laboureurs coupant vos longs cheveux,
Celtes, il vous transforme en artisans hideux :
    Lors, sifflant comme la couleuvre,
Laid, il se réjouit de la laideur, son œuvre.

XX
RÉSUMÉ.

Idylle, tu me pris tout enfant par la main
Et sur mon sol natal m'indiquas mon chemin;
Puis, moi, je te montrai, belle vierge celtique,
Aux fils des Franks charmés de ta grâce rustique.
Ils ont su par tes chants dans les bois, sur la mer,
Comme parlent ceux-là qui vivent en plein air :
Chez nous des travailleurs rustiques, point de rustres,
Point de noms affadis ni lourds, des noms illustres ;
C'est un Brenn, un Ban-gor, ou bien c'est un Mor-gan :
Notre histoire se perd au loin dans le roman.

DEUXIÈME PARTIE

La Descente des Marins

A Brest, en abordant sur un bateau de France,
Je vis ces mots briller, au quai de Recouvrance :
Aux arrivants tant désirés !

Et les bruns matelots embrassés par leurs mères,
Par leurs aïeuls blanchis sur vingt plages amères,
S'attablaient, d'amis entourés.

Salut aux bras ouverts, inscrit sur une porte,
Moi-même à mon pays, dans mon cœur, je l'apporte,
Aux chers absents tant désirés !

L'Arbre du Nord

I

O chêne, tu couvrais notre terre sacrée,
    Mais, symbole de sa durée,
L'Avarice te hait : meurs, roi de la contrée !

Tu veux mille ans et plus, dans ton paisible orgueil,
Pour former les nœuds durs où la hache s'émousse :
L'arbre frêle du Nord plus rapidement pousse,
Chaque avril un marchand le mesure de l'œil.

Aux fêtes à venir, s'il reste encor des fêtes,
    Où trouver, guerriers et poètes,
Le feuillage élégant qui doit ceindre vos têtes ?

Partout le noir sapin aura jeté son deuil :
Sous cet ombrage froid plus de fleurs, plus de mousse,
Plus de nid amoureux d'où sort une voix douce,
Mais le murmure sourd de l'arbre du cercueil.

II

Je suis triste, il est vrai, mon murmure l'annonce,
    Mais écoute, hélas! ma réponse,
Tant je saigne des coups que ta colère enfonce.

Arbre plaintif du Nord de mon flanc déchiré
J'épancherai pour toi la résine odorante
Qui pourra dans les nuits guider ta course errante,
Par qui sera le pauvre en novembre éclairé.

Le sapin reste vert quand le chêne est sans feuille,
    A l'heure où la muse t'accueille,
Sous ses rameaux houleux le penseur se recueille.

Je suis l'arbre pieux. L'être le plus aimé
Laisse bien peu de jours sa mémoire vivante;
Moi, je le suis fidèle au lieu de l'épouvante,
Je l'abrite et m'éteins près de lui consumé.

III

Tes bienfaits soient bénis, arbre à la rude écorce,
Consolateur du Nord durant l'âpre saison.
Gaulois, j'aime la grâce unie avec la force :
Buis verts, chênes, ormeaux, entourez ma maison !

    Des bois de Lau-Veûr.

Ternaire

Mon cœur, rassure-toi ! — Ce matin, dans les fleurs
Aux larmes du matin se sont mêlés mes pleurs,
    Je me trempais dans leurs couleurs.

Avec un pâtre enfant quittant mon toit de chaume,
Des foins qui se berçaient j'ai respiré l'arome,
    En moi je sens que tout embaume.

De gais oiseaux chantaient sous leurs ombrages verts ;
A leurs claires chansons répondirent mes vers
    Rajeunis comme l'univers.

Le Roi

> *Sume superbiam*
> *Quæsitam meritis*
>
> Horace.

Les reptiles sortaient des gerbes,
Sur la lande couraient les étalons superbes,
    Les daims bondissaient dans les herbes ;

Par milliers, les poissons des fleuves, de la mer,
Écaillés ou luisants, gracieux ou difformes,
Polypes merveilleux ou cétacés informes,
Fourmillaient dans l'eau douce et dans le gouffre amer ;

    Et les rapides hirondelles
Les cygnes voyageurs et les ramiers fidèles
    Volaient, volaient à tire-d'ailes ;

Mais l'homme plus hardi montait jusqu'à l'éclair ;
Des monstres l'emportaient, noirs, enflammés, énormes ;
Ce roi des animaux prenait toutes leurs formes :
Sur la terre il régnait, et sur l'onde, et dans l'air.

Camée

Amour, Amour enfant, était bien faible encore,
Mais Vénus à son cou passe un carquois sonore,
Empli de traits légers à la pointe d'airain ;
Puis elle met un arc flexible dans sa main,
Et sur ses cheveux d'or le baisant, l'Immortelle :
« A présent, va, mon fils ! va, sans peur, » lui dit-elle,
Voilà, comme des dieux, des hommes redouté,
Amour marche vainqueur armé par la beauté.

Notes

I

A ***

Psyché, belle âme en deuil, belle forme adorée,
    Oh! ne cherchez plus la douleur!
Amour vous cherche, à vous sa jeunesse dorée,
    A lui le parfum de la fleur.

II

A Marie B.....

Aimez la poésie, enfant aux yeux si doux,
    Sa grâce légère, sa flamme.
L'une charme des yeux, l'autre charme de l'âme :
L'esprit et la beauté qui rayonnent de vous.

III

(Traduit de Goethe.)

Le métier de rimeur, dit-on, me réussit :
Oui, c'est un art charmant, mais il n'enrichit guère ;
    Plus mon petit livre grossit,
    Plus ma bourse devient légère.

Marie

Cueillant des lucets noirs[1] pour cette brune enfan
J'errais un jour d'été sous la forêt ombreuse,
Comme elle enfant joueur, mais près d'elle rêvant :

Sur la mousse et les fleurs et sur l'herbe nombreuse,
Quand ses pieds nus laissaient leur trace, bien souvent
Amoureux je passais sur la trace amoureuse ;

Un ruisseau descendait vers l'étang de Ker-rorh :
Son beau front, entouré d'une tresse de laine,
Brilla dans ce miroir, et mes yeux vers la plaine
Suivaient l'onde emportant joyeuse mon trésor ;

Dans l'air un jeune oiseau lança ses notes d'or,
Sa voix lui répondit claire, argentine et pleine,
Et moi, pour aspirer cette vibrante haleine,
J'accourus... Dans mon cœur, ah ! je l'aspire encor !

1. Ou airelle, fruit des bois.

Symboles

I

J'ai vu les légères colombes
Dans nos lacs se baigner, soupirer dans nos bois,
Et lisser leur plumage argenté sur les tombes.

J'ai vu les noirs corbeaux de leurs lugubres voix
Effrayer la montagne et sur les pourritures
Hideusement chercher leurs infectes pâtures;

Puis un être chagrin, sombre ennemi du beau,
A la face blêmie, à l'œil bilieux et triste,
Admirait l'animal dévorant, à la piste
Il semblait tout au loin flairer quelque lambeau.

« O colombes! laissez son horreur au tombeau!
Criait-il, par la mort et l'effroi l'homme existe. »
Un latin avait dit, sage et riant artiste :
« On blâme la colombe, on pardonne au corbeau. »

II

Quand ton corps s'étendra dans la couche de terre
Sans chaleur, sans couleur, forme sans mouvement

Le corbeau, ton ami, lentement, lentement,
De loin arrivera vers toi, parleur austère;

Tu l'entendras, perché sur l'if du cimetière,
Emplir le lieu béni de son croassement,
Horreur! et sur ton lit s'ébattre bruyamment,
Et son bec dur sonner sur l'argile et la pierre...

Toi qui portes toujours le rameau d'olivier,
Colombe, viens alors vers ton censeur morose:
Le fiel ne pèse pas dans ton cœur un gravier.

Que sur son tertre en fleur ton aile se repose,
Puis viens en roucoulant boire à ton bénitier,
  Légère colombe au pied rose!

A Madame de Lamartine

Son cœur pleurait, vous pleuriez dans votre âme,
Mais vers lui votre amour s'élevait, noble femme,
    Et je mêlais, silencieux,
Aux larmes de vos cœurs les larmes de mes yeux.

    Scène à troubler le front calme des anges!
Pourtant l'obscur ami s'abreuvait aux louanges!
    Tombant de ce couple navré...
Louanges du malheur, vous m'avez enivré!

    Dans ses tourments l'égoïste s'isole,
Le grand poète souffre, et plus fort il console;
    Tel, sous la brume des hivers,
L'invisible soleil ranime l'univers.

Pour une chère Malade

Ses espoirs d'autrefois étaient nos espérances,
    Ses souffrances sont nos souffrances.

Oui, celle qui n'avait que sourire et douceur
Et que toute âme aimante aimait comme une sœur,

Sous l'étreinte du mal et languit et se penche,
    Plus que sa couche pure et blanche.

Sa mère aux yeux voilés, sainte de la maison,
L'époux qui lui donnait et fortune et renom,

Et son tendre Maurice et sa charmante Hélène,
    La réchauffaient à leur haleine.

Et ses nièces aussi, leur aiguille à la main,
L'entourent ; chaque soir lui disant : A demain !

Roses que son pinceau fit naître, blanches roses,
    Brillez durant ses nuits moroses !

Car son âme est ouverte aux délices de l'art,
Et le beau pur reçoit son hommage à l'écart.

Vous, fleurs de son jardin, quand l'hiver nous assiége,
    Pour elle, fleurs, percez la neige!

Comme à Pâques, rameaux, soyez verts et fleuris!
O riante oasis dans les murs de Paris,

Parterre intérieur, gazons où tout embaume,
    Vers elle exhalez votre arome!

Amour de la famille et saintes amitiés,
Versons, surtout, versons nos parfums à ses pieds!

Ses espoirs autrefois étaient nos espérances,
    Ses souffrances sont nos souffrances.

27 Septembre 1855.

La Vie

A Louise A.....

Un bel ange gardien penché vers son berceau,
Quand ses yeux étonnés s'ouvrirent à la vie
Et que sa mère en pleurs la contemplait ravie,

Invisible, la prit sous le léger cerceau,
L'instruisant d'une voix mystérieuse et tendre,
Et l'ange au doux parler, l'enfant semblait l'entendre :

« Au jardin de l'aïeule égayé du zéphyr,
Où les jeunes oiseaux vont essayer leurs ailes,
Parmi les blancs jasmins enlacés aux tonnelles,
Fleur humaine, tu dois t'élever et *fleurir*.

Savoure le printemps !... Résignée à *mûrir*,
Amasse dans ton sein les graines maternelles ;
Enfin, pour refleurir aux sphères éternelles,
Lis d'or, cueilli par Dieu, sur son cœur viens *mourir*. »

Les quatre Jérôme

De la ferme de Ker-Gûze.

Le vénérable aïeul, selon le vœu du prêtre,
Put bénir les enfants de ses petits-enfants,
Et j'arrivai pour voir Jérôme Quatre naître.

Chaume patriarcal! humbles et nobles gens!
Le repas fut joyeux, et grave la prière...
Seigneur, un tel abri pour ma saison dernière!

La nuit, quand tout dormait, l'âtre silencieux
Versait dans la maison une lueur de fête;
Hors du lit clos, la mère, en inclinant la tête,
Sur le cher nouveau-né fixait longtemps les yeux;

Et moi j'observais tout, ému, non curieux;
J'écoutais le grillon chanter, léger prophète;
Et ces vers qu'aujourd'hui je formule, poète,
Dans mon cœur s'amassaient calmes, mystérieux.

A Platon

De fleurs et de lauriers tu couronnais leurs têtes,
Puis de ta république, ô sévère Platon,
Tels que des corrupteurs tu chassais les poètes,
Homère, un jour Virgile et le Dante et Milton ;

Et des sentiments vrais tous ces grands interprètes,
Dont le monde redit et les vers et le nom,
Ces inspirés divins qu'il salua prophètes,
Conservés dans son cœur comme en un Panthéon.

Mais, sage, montre-nous ta sage république,
Le modèle idéal que l'avenir explique !
Sans couronnes marchons dans la grave cité !

O ténèbres sortant d'un éclair ! O délire !
L'esclavage, l'ennui, la promiscuité !...
Poètes souriants, reprenez votre lyre.

Formes et Pensées

I

Comme un vieux prêtre a soin des vases de l'Église
Pour qu'aux yeux du fidèle ébloui tout reluise,
Vous, artistes pieux, tels que le saint vieillard,
Poètes, conservez les beaux vases de l'art.

II

Pétrarque, au doux sonnet je fus longtemps rebelle;
Mais toi, divin Toscan, chaste et voluptueux,
Tu choisis, évitant tout rythme impétueux,
Pour ta belle pensée une forme humble et belle.

Ton poème aujourd'hui par des charmes m'appelle:
Vase étroit mais bien clos, coffret, plaisir des yeux,
D'où s'exhale un parfum subtil, mystérieux,
Que Laure respirait, le soir, dans la chapelle.

Aux souplesses de l'art la grâce se plaisait,
Maître, tu souriras si ma muse rurale
Et libre a fait ployer la forme magistrale;

Puis, sur le tour léger de l'Étrusque, naissait,
Docile à varier la forme antique et sainte,
L'urne pour les parfums, ou le miel, ou l'absinthe.

III

Oui, moi-même, en jouant, essayons ! Autrefois
Le premier je chantai sur le rythme ternaire,
Rythme bardique éclos au fond du sanctuaire :
Aujourd'hui de Boileau je braverai les lois.

IV

Les rimeurs ont posé le sonnet sur la pointe,
Le sonnet qui s'aiguise et finit en tercet :
Au solide quatrain la part faible est mal jointe.

Je voudrais commencer par où l'on finissait.
Tercet svelte, élancé, dans ta grâce idéale,
Parais donc le premier, forme pyramidale !

Au-dessous les quatrains, graves, majestueux,
Liés par le ciment de la rime jumelle,
Fièrement assoiront leur base solennelle,
Leur socle de granit, leurs degrés somptueux.

Ainsi le monument s'élève harmonieux,
Plus de base effrayante à l'œil et qui chancelle,
La base est large et sûre et l'aiguille étincelle,
La pyramide aura sa pointe dans les cieux.

V

Inspirez-nous toujours, ô muses immortelles,
Et des pensers nouveaux et des formes nouvelles!
Dante n'est plus Homère, autre est le grand Milton;
Comme eux soyons divers de pensers et de ton.

Réponses

Nul mondain ne m'a vu dans un salon doré;
Ils me connaissent mieux les pâtres de Cornouaille :
A leurs pauvres foyers souvent mon cœur tressaille,
Par ces cœurs primitifs noblement inspiré.

Et moi, je n'ai pas même un réduit assuré;
Près du courtil de chanvre un toit couvert de paille :
A mon but cependant j'irai vaille que vaille,
Poète des Bretons, comme eux simple, ignoré.

Ce matin, cheminant sur la lande natale,
J'ai lu les vers fleuris nés dans votre manoir;
Plus d'un parfum suave et flatteur s'en exhale;

Un nuage y flottait de votre passé noir :
L'air pur l'a dissipé venant de la bruyère
Où s'embaument mes chants, ma vie humble mais fière.

Le Hêtre

Enfant, j'ai vu la plante grêle
Pousser dans l'herbe près de moi,
Comme moi souple, et molle, et frêle;

Vers l'âge d'or où je marchais en roi
Dans nos taillis, l'arbuste de mon âge
Me couronnait de son léger feuillage;

Sur son tertre aujourd'hui, comme un géant, fixé,
Il étend glorieux ses grands bras, et sa tête
Où la brise murmure, où gronde la tempête,
M'appelle, et ses longs bruits me parlent du passé.

Frère, à mon dernier jour, sous ton abri placé,
Mille ans, mon livre en main, je dormirais poète;
Là, je vivrais encore, affinité secrète,
Dans l'arome et l'air pur où tu serais bercé!

Amitiés

I

Rappelons-nous ces temps de fraîcheur matinale
Où notre âme sentait éclore tour à tour,
Les fleurs de l'amitié, puis les fleurs de l'amour :
O splendeurs, ô parfums! ô saison virginale!

La gloire, nous montrant son étoile idéale,
Nous élevait ensemble au radieux séjour;
Nos deux noms souriants devaient s'inscrire un jour
Près de vos noms pieux, ô Nisus, Euryale!

Avec la même foi pour les mêmes autels,
— L'esprit qui sait oser et l'âme qui s'incline, —
Tous deux nous attestions une même origine;

Et tous deux enlacés dans nos bras fraternels,
Cherchant d'un pas égal les pensers éternels,
De la jeunesse ainsi nous montions la colline.

II

Vivant, parmi les morts je l'ai mis au cercueil,
Au cercueil de mon cœur, sans haine et sans prière.
L'ombre de l'amitié menait encor le deuil.

Elle me rappelait ton fraternel accueil
Quand me riaient tes yeux, quand ta main familière
A ma main s'unissait comme le lierre au lierre.

A présent marche seul, grandissant et plus fort :
D'autres applaudiront à tes jours de victoire,
Dans tes chutes aussi plus d'un verra sa gloire,
Pour moi je suis aveugle et sourd devant ton sort.

De la vengeance ainsi m'épargnant le remord,
Je laisse tout ingrat s'éteindre en ma mémoire.
Mon cœur s'ouvre pour lui comme une tombe noire,
Et je dis impassible : Il est mort! il est mort!

A un Poète ami

A Monsieur Édouard Briault

Près de votre compagne et de vos blonds enfants,
Dans un jardin fleuri, la fleur des jeunes ans
Vous envoie au réveil sa fraîcheur matinale ;

Puis, les cheveux épars sous vos arbustes verts,
Vous mêlez, doux rêveur, le pur encens des vers
A l'encens printanier qui des myrtes s'exhale ;

Aux chansons de l'oiseau s'unit votre chanson :
Tout brille, embaume et rit autour de la maison !...
Dieu fait à ceux qu'il aime une vie idéale.

20 Septembre 1856.

Le Talisman

Du fleuve, en approchant, m'arrivaient les murmures,
La senteur s'exhalait des taillis frais et verts,
Un couple de ramiers chantait sous les ramures ;

Bonheurs de mon printemps, après bien des hivers,
Je vais vous ressaisir ! Pensers des saisons mûres,
Fuyez ! Aux purs instincts, mes sens, soyez ouverts !

Et j'arrive, et, penché sur le cristal de l'onde,
J'y lave dans ses flots puisés avec ma main
Mon visage hâlé par le feu du chemin :
Heureux je vois encor ma chevelure blonde ;

Mais, puisqu'il faut quitter cette eau claire et profonde,
Hélas ! pour se mêler au sombre fleuve humain,
J'emporte un caillou blanc tout veiné de carmin :
Pensers du sol natal, guidez-moi par le monde !

    Au Pont-Ker-Lô.

A Saint François

François, reviens chez nous prêcher la pauvreté!
Au milieu de la Bourse il faut placer ta chaire,
Aux servants du veau d'or, là, tu crieras : « Misère! »
Viens, de tes mendiants noblement escorté,

Et pieds nus, le capuce en arrière jeté,
Dis la richesse vile et la pauvreté chère,
Poursuivant ces démons, primes, reports, enchère,
Des flagellations de ton verbe irrité.

Frères, ne laissez point trace du temple immonde;
Puis venez de maison en maison par le monde
Ramenant la prière à nos foyers anciens;

De vos humbles vertus purifiez les âmes,
Opposez votre bure au luxe fou des femmes,
Et rapprenez le Christ aux modernes païens.

20 Mars 1856.

Un Château moderne

L'orgueilleuse fabrique a barré la rivière,
L'onde passe ignorée et la ville en est fière,
Le château crénelé semble une humble maison ;

Dans le moulin géant on triture, on distille,
Par tous les procédés d'une ruse subtile,
Une farine horrible, une horrible boisson ;

Et la ville est heureuse et de gloire accompagne
Celui qui va semant la mort dans la campagne...
Sur la porte écrivez : Fabrique de poison.

La Corde d'argent

Sans grand titre à l'esprit, jadis un grand seigneur
S'offrait pour un fauteuil à notre Académie;
Le sévère Patru, soutien du seul génie,
Très médiocrement prisait un tel honneur.
A la docte assemblée il conta cette fable :
Un certain Grec avait une lyre admirable,
Sous ses doigts une corde en jouant se rompit;
Au lieu d'un nerf vibrant cet ambitieux mit
Une corde d'argent plus brillante à la vue...
    Mais l'harmonie était perdue.

SUR MON RECUEIL

DE

Proverbes bretons

Encore un bel épi qu'en chemin je ramasse !
Car, diligent glaneur, je recueille où je passe.
Tout proverbe me rit, c'est l'or des anciens jours :
Guerre, surnoms joyeux, travail, fortune, amours.
Oui, pour vous je travaille et de votre sagesse
Soigneux et grain à grain j'amasse la richesse.
Lorsque enfin brillera le boisseau rassemblé,
Vous direz : « Voilà donc, ô Bretons, notre blé ! »

Symboles

A Madame Fanny Briault

Blanche comme Diane et légère comme elle! —
Ainsi, dans sa fierté, se nommait une belle :
Oh! dussiez-vous rougir, humble femme, ma voix
Salue encore en vous la déesse des bois.

Lorsque parmi vos fleurs vous errez matinale,
Je dis à ma fenêtre : « Ah! rose de Bengale! »
Le jeune arbuste a seul votre port onduleux,
Et l'or des blonds épis c'est l'or de vos cheveux.

La colombe sans tache à son cher nid fidèle
Et dont l'œil innocent ne voit rien qu'autour d'elle,
La perle qui reluit sous le fleuve argenté,
Sont les symboles purs de votre pureté.

Lorient, 12 novembre 1857.

Inscriptions

I

SUR LA TOMBE D'UN ENFANT.

Souffle d'ange, légère flamme,
Du ciel où tu nous guideras,
Reviens dans nos cœurs, ô jeune âme!...
Enfant qui dormais dans nos bras.

II

SUR UNE FONTAINE.

(Traduit de Santeuil.)

I

Les nymphes, mes sœurs, sont allées
Verser leur onde fraîche au sommet des coteaux;
Amoureuse de ces vallées,
Je sommeille tranquille au murmure des eaux.

II

Celle qui nuit et jour ici verse ses ondes
A voulu se cacher sous des roches profondes;
  Caché sous des voiles épais,
Cœur noble et bienfaisant, verse ainsi tes bienfaits.

I

Dum scandunt juga montis anhelo pectore nymphæ,
 Hic una e sociis vallis amore sedet.

II

Quæ dat aquas saxo latet hospita nympha sub imo,
 Sic tu, cum dederis, dona latere velis.

III

SUR CE RECUEIL.

Ce simple livre, c'est la vie
D'un Breton et d'un voyageur :
Qu'il vous donne la poésie
De sa pensée et de son cœur.

Dialogue

I

Sagesse de Platon, ô froide maladie,
Où morte est la jeunesse et morte la beauté!
Pour quelque rayon d'or dans les âmes jeté,
Une pâle langueur accompagne la vie :
Le monde est un vieillard qui pleure sa gaîté.

II

Un dieu même est venu pour compléter le sage,
Il a sanctifié le terrestre séjour;
Avec profusion il répandit l'amour,
L'allégresse du cœur suit l'homme d'âge en âge :
De sa virilité voici le noble jour.

Les Songes de l'Ellé

CETTE nuit, sommeillant sur les bords de l'Ellé,
J'entendais les flots noirs, soulevés par les pierres,
Bruire, et le doux bruit vint clore mes paupières.

Bonheurs des premiers jours! Voici qu'un songe ailé
Dans les bois me ramène, aux sources je m'abreuve,
A travers les glaïeuls je nage dans le fleuve;

Puis un enfant debout sur un tertre isolé
Chante! — Est-ce vous, Marie? — Ah! cette voix sonore
M'éveille... Le beau fleuve, il murmurait encore.

Le Journal d'Amélie

I

Si chacun était bon et chacun convenable!
Par un jour triste ainsi tu disais, chère sœur;
Au mieux par toi rêvé toi-même comparable,
Fille au calme maintien, à l'œil doux et penseur.

    Juin 1847.

II

Mais lorsqu'un frère est là, plus d'une âme qui t'aime,
Dans tes longues froideurs pourquoi te renfermer?
Chrysalide invisible, enfin sors de toi-même.
L'antique loi l'a dit : on t'aime, il faut aimer.

    Mai 1848.

III

Oh! l'amour est venu, qui s'enveloppe encore,
Mais devant le devoir un amour triomphant!

Quand tous vont au plaisir de la nuit à l'aurore,
Voyez la mère seule allaiter son enfant.

    Janvier 1850.

IV

Chère Amélie, ainsi de distance en distance
Ma mémoire a noté ces trois points de ton cœur ;
Ton journal reste ouvert, et j'y lis à l'avance
Plus d'un trait de prudence et d'aimable douceur.

    Mars 1852.

La Ronde sainte

A Monsieur et à Madame Eugène Guieysse

Heureux sous vos taillis, aimez, sages époux,
Tous les humbles bonheurs naissent autour de vous.

A l'horizon chantait murmurante et confuse
    La chanson d'une cornemuse;

Des pâtres s'étaient pris par la main et dansaient,
    Tous les yeux enfantins luisaient;

A l'heure où le soleil vers l'Océan décline,
    J'allais errant sur la colline;

Leur aïeule était là dont l'âge encor sourit,
    Jeune de cœur, jeune d'esprit;

Or, tous deux entraînés par la ronde folâtre,
    Nous avons pris la main d'un pâtre,

Et le soir vit mêlés à ses rayons tremblants
    Les cheveux noirs, les cheveux blancs.

Près de Ker-Véléan, votre agreste campagne,
Un chœur joyeux ainsi couronnait la montagne.

POÉTIQUE NOUVELLE

Poétique nouvelle

CHANT PREMIER

LA NATURE

Exposition. — Divine mission de la Poésie. — Ses trois sources. — La première est dans la Nature, symbole de Dieu. — L'Initiation du poète : un Viatique. — Hymne à la Nature. — Les Faneurs, tableau rustique ou idylle. — Chant d'un pâtre.

Aux maîtres renommés par la plume et la lyre,
Ceux qu'on aime à chanter et ceux qu'on aime à lire,
Votre hommage, ô mes vers! Puis, libres, commençons :
Aux poètes futurs s'adressent nos leçons.
Lorsque le sage Horace ou Boileau, jeunes aigles,
Aura su vous soumettre au frein d'or de ses règles,
Vous montrant ce que l'art n'avait point révélé,
Et vous guidant moi-même en votre essor ailé,
Je veux vous emporter, troupe ardente et choisie,
Sur les riches terrains où naît la poésie.

Gloire à vos devanciers, à leur savoir profond !
Ils ont donné la forme et j'indique le fond.

Au prêtre d'enseigner les choses immortelles ;
Poète, ton devoir est de les rendre belles.
L'homme à peine était né, qu'il était tout en pleurs :
Dieu lui donna le chant pour calmer ses douleurs,
Et pour lui rappeler doucement, par son charme,
Le radieux séjour qui n'a point vu de larme.
Du ciel viennent les vers, qu'ils remontent au ciel !
Tel l'éclair ; et malheur au cœur matériel
Qui, tout à ses calculs, appelle une chimère
La douceur de Virgile et la grandeur d'Homère !
Mais aux plus mauvais jours, l'esprit garde à l'écart
Des serviteurs à Dieu, des fidèles à l'art ;
La prière fervente où le chant les convie,
Et les plaisirs de l'âme ennoblissent leur vie.

Vous pour qui l'Idéal alluma son flambeau,
Venez donc, suivez-moi sur la route du Beau.
Dans son triple sentier que j'ai tenté d'avance,
Trois mots étaient écrits : « Je sens, j'aime, je pense. »
Que peut l'homme de plus ? — Comment s'est éclairci
Le voile qui couvrait ces trois mots, le voici.
Par une histoire vraie il faut ouvrir ce livre :
Le poète est formé de tout ce qui fait vivre.

Bonheur de revenir, et j'y cède toujours,
Vers sa pieuse enfant et ses jeunes amours !
Le jeudi saint, un pâtre, entrant au presbytère,
Le front tout en sueur et d'un air de mystère,

Dit : « Ma mère est malade ! » Aussitôt le recteur,
Avec l'huile prenant le pain consolateur,
Me choisit pour son clerc... O belle matinée !
O printemps de ma vie ! ô printemps de l'année !
La verdure et les fleurs, les nids et les chansons !
Des troupeaux en amour courant sur les gazons !
Les branches sur nos pas secouaient leurs rosées,
Et des vapeurs flottaient aux collines boisées,
Et les mouches à miel, les papillons joyeux
Passaient et se croisaient légers devant mes yeux ;
N'était-ce point assez de fraîcheur matinale
Pour faire épanouir une âme virginale ?
Nous arrivons. La femme était là sur son lit ;
Le prêtre s'agenouille à son chevet ; il lit
Les mots du rituel ; penché vers la malade,
Il l'exhorte, et sa voix ranime et persuade ;
Il étend l'huile sainte et présente le pain.
« Heureuse ! disait-il bientôt sur le chemin,
Femme heureuse ! Oh ! mourir si près du grand dimanche !
Du tombeau dans trois jours elle aussi sera franche. »
Avide d'avenir, il rêvait un tel sort ;
Ses jours, il les aurait donnés pour cette mort...
Dans un autre avenir, moi, je plongeais mon âme :
C'était la terre en fleur, c'était le ciel en flamme
Qui vers eux attiraient ma pensée et mes sens ;
J'ouvrais à la beauté mes bras adolescents.
Or une douce fille, enfant comme moi-même,
Légère, les pieds nus, vint à passer : « Je t'aime ! »
Lui dis-je dans mon cœur. Je vis briller ses yeux,
Et je suivis ma route encor plus radieux.
La nature, l'amour, la parole d'un prêtre,
Avaient en un seul jour fécondé tout mon être.

Ami de l'Idéal, mets ta main dans ma main,
Et je te conduirai par le même chemin.
Dans son berceau rustique heureux est le poète
Que la Nature aima d'une amitié secrète,
Qu'elle a, mère jalouse, élevé dans ses bras :
Celui qui n'a point bu son lait ne vivra pas.
Gravissons la montagne. A l'ombre des vieux chênes,
Des Celtes, nos aïeux, les traces sont prochaines.
Plus d'un barde a chanté, là, devant ce *men-hir :*
Évoquons en passant la voix du souvenir.
De l'heureuse Nature harmonieux royaume !
Oh ! comme tout fleurit, tout brille, tout embaume !
De verdure entouré, de verdure couvert,
On avance sans bruit sur un beau tapis vert ;
L'extase par moments vous arrête, et l'on cueille
Autour d'un tronc énorme le léger chèvrefeuille ;
On s'étend sur la mousse au pied d'un frais bouleau,
Et tout près, sous des fleurs, on entend couler l'eau.
Alors, à deux genoux, et les mains sur la terre,
Le voyageur, pareil au faon, se désaltère,
Et merles à l'entour, grives, chardonnerets,
Emplissent de leurs voix le dôme des forêts,
Voletant, sautillant, du bec lissant leurs ailes,
Et de leurs yeux si clairs jetant des étincelles.
Ainsi dans ces concerts, ces parfums, ces couleurs,
Celui qui les a faits, oiseaux, arbres et fleurs,
Se révèle. Partout Dieu présent, Dieu sensible !
Dans la création l'Invisible est visible :
Le symbole s'entr'ouvre, et sous le voile d'or
L'Être pur apparaît, plus radieux encor.
Le poète inspiré, tout en foulant les herbes,
Monte, l'esprit plongé dans ces mythes superbes :

Hier tout était sombre, et tout brille aujourd'hui;
Dieu vit dans l'univers, tous deux vivent en lui;
En suivant ce penser divin qui l'accompagne,
Haletant, il atteint le haut de la montagne :
Spectacle encor plus grand qui revient l'exalter!
Son cœur enfin déborde et se prend à chanter.

« Fille de Dieu, Nature, ici je te salue,
Et dans ta profondeur, et dans ton étendue!
La terre est sous mes pieds, sur mon front est le ciel,
Et devant moi la mer, miroir universel.

« Dans tes variétés, salut, grande Nature!
Je te retrouve en moi, débile créature;
Car l'homme, où vont s'unir les éléments divers,
L'homme est un résumé de l'immense univers.

« Aimant des minéraux ou sève de la plante,
Flammes de l'animal, triple force opulente,
Tout se condense en l'homme, il est tout à la fois :
De là vient son orgueil; — qu'il y cherche ses lois!

« Globes obéissants, chacun à votre place,
Harmonieusement vous roulez dans l'espace,
Chevelus, annelés, opaques, lumineux,
Selon que l'a voulu celui qui dit : « Je veux. »

« L'homme seul, infidèle à la main qui l'envoie,
Vers cent buts opposés s'égare dans sa voie;
Du maître qui l'attend il perd le souvenir :
Mais libre il peut errer, libre il peut revenir.

« Nature, sois en tout son guide, son modèle :
Qu'il revienne à son toit comme fait l'hirondelle,
Que l'abeille savante et les sages fourmis
Longtemps aux mêmes lois le retrouvent soumis!

« Flots des mers, montrez-lui le calme après l'orage;
Dans son cœur, ô lions, versez votre courage;
Grand bœufs patiemment attelés tout le jour,
Donnez-lui la douceur, et vous, ramiers, l'amour.

« Êtres inférieurs, soyez pourtant ses guides :
Comme vers le soleil les aigles vont rapides,
Qu'il s'élève léger vers le soleil divin;
Connaissant son départ, qu'il arrive à sa fin ! »

Mais le jour fuit : adieu, promontoires sauvages!
Adieu, pêcheurs errants et sonores rivages!
Sur les flots, sur les monts, dans les airs, en tout lieu,
Notre hymne a salué la présence de Dieu :
De ces graves pensers l'âme nourrie et pleine.
En silence il est temps de regagner la plaine.
Si la pente est rapide, un terrain déboisé
A celui qui descend fait le chemin aisé...
Quels limpides ruisseaux traversent ces prairies!
Les faucheurs sont à l'œuvre; au loin les métairies
Exhalent leur fumée humble et lente; les voix
Des dogues inquiets, les chants des villageois
Arrivent jusqu'à nous par bouffée; un chien passe
En flairant le sentier, œil en feu, tête basse;
Mais le gibier oublie en son trou sûr et noir
Le chasseur regagnant à vide son manoir :
« O braves gens, le foin a rempli vos charrettes!

Comment poussent les blés ? — Nos voitures sont prêtes
Pour le temps où viendront les seigles et les blés ;
Nos granges, nos hangars ne sont jamais comblés :
A Dieu de les remplir ou de les laisser vides !
Nos cœurs sont désireux, mais ne sont point avides. »

Ah ! voici quels propos sortis de nos cantons
Pour vous m'ont inspiré tant de vers, ô Bretons !
Et comme de mon cœur à mes lèvres encore
Vient une idylle fraîche envieuse d'éclore
Pour ces bruns laboureurs, Celtes aux longs cheveux,
Noblement appuyés sur le cou de leurs bœufs !
Mais le bétail revient, et des landes verdâtres,
Joyeuse, arrive aussi la voix claire des pâtres ;
Ils passent, ramenant leurs vaches, leurs moutons ;
Comme chef de la bande, un d'eux chante ; écoutons :

« Non, je n'ai point trouvé le voile d'une fée !
La bague de Merlin, je ne l'ai point trouvée !

« Dans l'air, au fond des lacs perfides et dormants,
J'aurais pour mes amours cherché ces talismans.

« Un nid que désirait une enfant de mon âge
Ce soir m'a fait quitter troupeaux et pâturage ;

« J'apporte mon trésor : un beau nid de pinson,
Qui pourrait défier tisserand et maçon ;

« Le dehors semble un mur tout revêtu de mousse,
Au dedans tout est plume et laine fine et douce.

« Que ces œufs sont légers! J'en veux faire un collier,
Avec vos cheveux d'or, Anna, pour le lier.

« Si je puis le passer sous votre coiffe blanche,
Pour une jeune sainte on vous prendra dimanche. »

Et les graves parents, à ces jeux enfantins,
De sourire, songeant à leurs riants matins...
Mais voici l'*Angelus!* Et les fils et les pères
Se signent et trois fois récitent leurs prières :
Puis les lourds chariots où s'entasse le foin
Au fond des chemins creux se perdent; tout au loin
S'exhalent par instants les soupirs de la grève,
Et le croissant léger sur la forêt s'élève.

Oui, c'est dans les hameaux, c'est à l'ombre des bois,
Au pays enchanté des parfums et des voix,
Que dans chaque saison, de froidure ou de flamme,
L'homme sent bien la vie et voit grandir son âme :
Et s'il est né chanteur, dans le chœur des oiseaux,
Poète, il redira les rustiques travaux.
Les usages venus des races primitives,
Et la jeunesse heureuse et ses amours naïves.
Il est beau, quand tout meurt, flétri par l'intérêt,
Seul, comme un prêtre antique errant sous la forêt,
De recueillir en paix son exhalaison pure,
Pour raviver le monde à ton souffle, ô Nature!

CHANT DEUXIÈME

LA CITÉ

La seconde source de la Poésie est en nous-mêmes. —. Paris. — Dans la cité surtout se développent les diverses affections de l'âme. — Genres divers qui les expriment. — La satire. — Une élégie. — Évocation d'un drame. — De la comédie d'après Molière.

Ajoutons une corde au divin instrument!
O fils de la Nature, esprit doux, cœur aimant,
Nous sommes dans Paris, Paris la grande ville,
Immense tourbillon où la foule servile
Est mêlée à la foule ivre de liberté,
Où l'irréligion touche la piété.
Ici tout se confond : le sacré, le profane ;
La sœur de charité, l'impure courtisane ;
La pauvreté honteuse et le luxe insolent.
La médiocrité marche sur le talent ;
Le génie épuisé, pâle, à bout de ressource,
Meurt, tandis qu'un pervers sort enflé de la Bourse...
Dût ton cœur se briser, poète, cependant
Il faudra te plonger au fond du gouffre ardent,

Comme Dante, il faudra dans cet enfer descendre :
Va vivre dans le feu, nouvelle salamandre !
Satire, jette ici tes austères leçons !
Ah ! si les murs s'ouvraient de toutes ces maisons,
Par les brumeuses nuits, par les sombres novembres,
Des cris de désespoir viendraient de bien des chambres !
Juste indignation, éclate ! Nuit et jour,
Heurte au seuil des palais, hante le carrefour ;
Tes tablettes en main, comme un censeur antique,
Va partout relever la morale publique,
Et punir les forfaits, et venger les malheurs.
Que l'Élégie aussi laisse couler ses pleurs !
Lorsque sa brave sœur, l'œil en feu, se courrouce,
Elle arrive à pas lents, mélancolique et douce,
Plaignant les maux soufferts, consolant l'amitié,
Et versant dans les cœurs endurcis la pitié.
Mais sous les noirs cyprès, toujours, sainte Élégie,
Ta paupière n'est pas de pleurs amers rougie.
Un enfant inconnu, perdu dans la cité,
Ainsi nous raconta ses belles nuits d'été.
Poète, il avait fait de sa vie un poème.
Marne, en suivant tes eaux, il rêvait sur lui-même.
Vous l'avez vu souvent, fermes de Bagnolet,
Dans vos crèches, heureux de s'abreuver de lait,
Pleurer sur un roman au bord d'une fontaine,
Puis à regret marcher vers la ville lointaine.
Pourtant l'humble rimeur, dans Paris endormi,
Savait (lisons ses vers) retrouver un ami :
« Il chante tous les soirs, prisonnier dans sa cage,
Comme libre il aurait charmé le vert bocage ;
Prêt au moindre danger à reprendre son vol,
Il chante à plein gosier, le fervent rossignol !

Dès que le bruit roulant des dernières voitures
S'éloigne, que, fermant partout leurs devantures,
Les marchands fatigués vont chercher le repos,
Lorsque des grands hôtels les lourds battants sont clos,
Lui d'emplir les maisons, les places, les arcades,
De ses traits cadencés, de ses longues roulades !
Et moi qui m'en reviens, solitaire chanteur,
Murmurant les accords échappés de mon cœur,
Je m'arrête pensif devant cette fenêtre,
Et, les yeux vers le ciel, j'écoute le doux être ;
Au milieu de Paris je retrouve les bois,
Et comme d'un grand maître on applaudit la voix,
Souvent je dis : « Bravo ! bravo ! mon noble frère ! »
Alors c'est un silence ; et plus forte et plus fière,
La gorge s'enfle, éclate, et mille effusions
Font jaillir le torrent des modulations...
Ainsi, quand la cité sommeille, taciturne,
S'éveille entre nous deux le rendez-vous nocturne ;
Le poëte revient près de l'oiseau captif,
Il rêve et s'attendrit à son accent plaintif,
L'honore, le console, et bien des fois lui-même
Il rentre consolé par ce chanteur qu'il aime.
Oh ! si vous découvrez quelque barde ignoré,
Et qui seul, à l'écart, chante en désespéré,
Penseur, arrêtez-vous, et dites sur la route :
« Il est dans le silence une âme qui t'écoute. »

Comme les grands déserts ont plus d'une oasis,
Paris a donc lui-même un abri pour ses fils,
Où leurs larmes parfois s'épanchent moins amères,
Où ceux qui sont en proie aux fiévreuses chimères
De la gloire naissante et des jeunes amours,

Trouvent, non sans douceur, l'oubli des mauvais jours;
Et, grâce à l'art des vers, là leurs mélancolies
Par des cœurs éprouvés se sentent accueillies.

Mais entends-tu gémir les tragiques douleurs?
L'homme, hélas! n'est jamais sans un sujet de pleurs.
Nous voici parvenus sur la place publique...
Dans un marais de sang ici la France antique
Disparut! un roi saint, son épouse, sa sœur,
Un poëte au cœur d'or, généreux défenseur,
Et de saints magistrats, et des prêtres sublimes,
Des femmes, des vieillards, et cent mille victimes!
Une pierre a couvert le hideux échafaud,
Mais le sang fume encore, il bout, il parle haut.
O sombre tragédie! ô drame lamentable!
Que nous font désormais les héros de la Fable,
César même et Brutus, le stoïque assassin?
Là mourait un tyran, ici mourut un saint.
Toute une nation, justement affranchie,
Soudain ivre de sang et folle d'anarchie,
A son brillant passé sans regret dit adieu,
Répudiant ses mœurs, ses grands hommes, son Dieu,
Ceux qui la conduisaient dans sa nouvelle voie
De ses déchaînements les premiers sont la proie;
Puis sous le couperet elle traîne en janvier
Celui que tout martyr aurait droit d'envier;
Aux mains de trois bourreaux, sur cette horrible place,
On dépouille le Christ devant la populace,
Le doux Capétien, le fils de saint Louis,
Au front loyal et pur, orné de fleurs de lis,
L'esprit haut, le cœur tendre appelé Louis Seize,
Client par qui vivront Malesherbe et de Sèze!

Mais l'hostie a changé l'échafaud en autel,
Et l'âme en pardonnant s'éleva vers le ciel.
A présent, levez-vous pour les races futures,
Fleurs d'une ère nouvelle, institutions pures,
Libre fraternité, droit pour chacun égal :
Bien, durement acquis, répare enfin le mal !
De tes palmes surtout décorant notre histoire,
Emporte nos guerriers dans tes bras, ô Victoire !
Sur la place sanglante et sur le boulevard,
Chants de mort, taisez-vons ! Sonne, Chant du Départ !
Hoche, Marceau, Desaix, toi, jeune Bonaparte,
Soldats pauvres et nus, hommes dignes de Sparte,
Partez ! Quels noms obscurs au soleil vont surgir !
Arcole, Marengo, le lointain Aboukir !
Ces Gaulois, les voilà de nouveau par le monde,
Et le monde soumis par leur sang se féconde.
Austerlitz, Iéna, sur vos sillons glacés,
Héroïque semence, ont germé nos pensers !
O sinistre Moscou !... Cependant, fils des Gaules,
Nous sommes les premiers entrés sous tes coupoles !
Oui, le Kremlin a vu, telle Rome autrefois,
Dans ses remparts sacrés arriver les Gaulois ;
Il a vu, triomphant, dans sa ville enflammée,
Le colosse du monde avec sa Grande Armée !

Toi, poète, voici quel hymne triomphal
Tu peux mêler aux cris de ce drame fatal.
A nos fastes vivants si ton âme s'inspire,
Écris d'après toi seul comme faisait Shakspeare.
Aux rhéteurs de jeter dans un moule pareil
Des choses que deux fois ne vit point le soleil :
Parfois humble est la forme, elle est parfois hardie ;

La forme sort du fond de toute tragédie ;
Mais quel que soit le fond, ou profane ou sacré,
Que chaque spectateur de terreur pénétré,
Ou d'une pitié douce ému pour la victime,
Sorte ami du malheur et détestant le crime !

A présent, par les bois de ces jardins fleuris,
Achevons en causant nos courses dans Paris.
Mais, poëte attristé, que ton front se relève !
S'il n'a point de pavé que n'ait rougi le glaive,
Paris est cependant, merveilleuse cité,
La ville du plaisir et de la liberté.
Tous, vers ses boulevards, ses bals et ses théâtres,
Du nord et du midi, s'en viennent idolâtres,
Sur l'asphalte oubliant leurs bosquets d'orangers,
Leurs somptueux palais pour ces salons légers
Où dans un cercle frais de femmes au teint rose
On plaisante sans fiel, avec grâce l'on cause.
Mais, ville de bon goût et des charmants hivers,
Que vous devez aussi rassembler de travers !
Oui, c'est bien dans vos murs, au centre de l'Europe,
Que devait naître un jour l'auteur du *Misanthrope*.

Chut ! Voici son image. Ami, découvrons-nous !
Sous ce front incliné quel œil profond et doux !
Comme on sent de ce cœur tout miné par la fièvre
Monter un rire humain sur cette épaisse lèvre !
Devant ce haut penseur découvrons-nous, ami !
Un de ses plus fervents (qui peut l'être à demi ?)
Assurait que, la nuit, revenant d'une fête,
Où le punch alluma sans doute un peu la tête,
Il vit parler ce bronze ; abaissant le sourcil,
Molière le comique, hélas ! parlait ainsi :

« A mes pieds, jour et nuit, belle muse accoudée,
Muse, console-moi, tant j'ai l'âme obsédée
Rien qu'à voir, comparant les jours présents aux miens,
Sous les habits nouveaux tous les vices anciens.
L'homme, le même au fond, seulement se transforme.
Cependant de quel rire inépuisable, énorme,
Tous deux nous poursuivions les travers de nos temps,
Grands seigneurs et bourgeois, et fourbes et pédants!
Car l'austère raison a pour sœur la satire,
Le méchant mis à nu s'enfuit devant le rire:
Je le croyais du moins... je le croirai toujours...
Naïf espoir de l'art où s'épuisent nos jours!
Oui, j'ai là sous la main pour trente comédies
De mille traits mordants mes tablettes fournies.
Vicomtes et marquis, jadis tout parfumés,
Ducs, en cochers anglais aujourd'hui transformés,
Tudieu! je vous suivrais jusqu'en vos écuries!
Les nôtres, vains, légers, tout pleins de vanteries,
Sous leurs panaches blancs et sous leurs rubans verts,
Faisaient gloire du moins de se connaître en vers;
Et parmi cent beautés aux manières exquises,
Nous avions Sévigné, la perle des marquises,
Ninon, esprit hardi, La Fayette, esprit droit,
Et même Maintenon, qui régna près du roi.
Vraiment, monsieur Jourdain, si fort que j'en plaisante,
Savait à cœur ouvert rire avec sa servante,
Ses propos avisés ne le blessaient en rien;
Le bonhomme Chrysale aussi s'en trouvait bien;
Mais leurs bourgeois gourmés, leurs banquiers, hommes graves,
N'ont plus que des muets et quasi des esclaves:
« Silence, ou je vous chasse! » Et tous d'égalité
Ensuite ils parleront et de fraternité;

Oui, pour mieux abaisser les têtes les plus hautes,
Pour agiter l'État, qui trois fois par leurs fautes
Ou par leurs trahisons croule et les laisse enfin
Tout pâles devant ceux qu'ils menaient par la faim !
Le peuple aurait aussi mes censures loyales.
Enfant du vieux Paris et des piliers des Halles,
J'ai vu le fond secret de maint noir atelier,
Et plus d'un cœur mauvais sous plus d'un tablier.
Je fais leur large part aux gênes de la vie,
Sans jamais excuser la bassesse et l'envie.
Mais il est en tout temps des écrivains menteurs.
Comme jadis les rois, le peuple a ses flatteurs.
Ceux qui plaignent le pauvre au riche font la guerre,
Car, les devoirs du pauvre, ils n'en parlent plus guère
Je voudrais l'éclairer par un double savoir,
En face de son droit lui montrer son devoir.
Aujourd'hui tout est piège et mensonges infâmes ;
Pour réussir, on flatte et le peuple et les femmes.
Êtres purs et charmants avec qui je me plus,
Isabelle, Henriette, Agnès, vous n'êtes plus !
On a sous d'autres noms Philaminte et Bélise,
Puis des femmes jockeys ou quêteuses d'église ;
Marinette au marché ne va plus qu'en chapeau,
Et s'enquiert de la rente et rêve d'un château.
Oui, voilà plus d'un trait, belle Muse, ô ma mie !
Que j'aimerais lancer en mainte comédie,
Et dans un style ouvert, à l'aise, copieux,
Tel que me l'a soufflé votre masque joyeux. »

De la sorte il parlait, lui le sage, l'artiste,
Le grand contemplateur au rire bon et triste.
Et ces épanchements d'un passant recueillis,

Par moi, nouvel écho, sont encore affaiblis.
Oh! quel heureux poète, héritier de Molière,
Si celui qu'enseignait cette voix familière
Avait su retenir le secret attrayant
De l'art grave et joyeux qui corrige en riant,
Chaque mot sur les mœurs, l'esprit, le caractère,
Fonds qui se modifie et jamais ne s'altère,
Et, vieilli, reparaît avec variété
Dans ce monde mouvant qu'on appelle Cité!

CHANT TROISIÈME

LE TEMPLE

Dieu, souveraine source de la Poésie. — Les Villes saintes. — Peinture de Rome, terre épique. — Le Vatican : apparition des trois muses, la Poésie, la Philosophie, la Théologie. — Prière au temple de Saint-Pierre. — Consécration du poète.

Un même but attire et l'artiste et le sage ;
Le but est radieux, mais long est le voyage ;
Par la nature fraîche, au feu des passions,
Ils viennent au séjour des contemplations,
Vers le pur Idéal ; et leur force est complète :
Ce qui forme le sage a formé le poète.
Sans jamais vous lasser, jusqu'au bord du tombeau,
Vous qui marchez au Bien par le chemin du Beau,
Parcourez l'univers, montez jusqu'aux étoiles ;
Sans pâlir, s'il se peut, soulevant tous les voiles,
Dans l'abîme cherchez l'atome et le géant,
Sûrs de ne rencontrer nulle part le néant ;
Puis, les pieds blancs encor de la neige des pôles,
Poètes, visitez ces grandes métropoles
Où l'Esprit parle haut plus qu'en tout autre lieu,

Où comme dans Éden erre l'ombre de Dieu,
Où le céleste Amour aime à visiter l'homme :
Telle autrefois Sion et telle aujourd'hui Rome.

Ville ! dans quel effroi mêlé de piété
Moi, faible, j'arrivai devant ta majesté !
Je murmurais : « Artiste, et prêtresse, et guerrière,
De quel nom t'appeler, toi partout la première ? »
Et comme un néophyte en marchant vers l'autel,
Je murmurais encor chaque nom immortel.
Mais bientôt me voilà perdu dans ses ruines,
Poète voyageur, et sur les sept collines
Admirant les forums, les temples, les tombeaux,
Et les marbres savants et les savants tableaux.
Et les héros, les saints, de Romulus à Pierre,
Marchaient à mes côtés couronnés de lumière.
Sol sacré ! terre épique ! Un soir, ivre d'amour,
Ainsi je résumais l'emploi de chaque jour :

En habits négligés sortir de sa demeure,
Entrer dans une église ou dans un grand palais,
Savourer la nature et les arts à toute heure,
Telle est la volupté tranquille où je me plais.

Du royal Aventin aux jardins de Salluste
J'erre ainsi, repassant mes auteurs d'autrefois :
En allant au sénat, sur ces marbres, Auguste
Avec les bruns enfants, dit-on, jouait aux noix.

Prenons la voie antique où, tout pensif, Horace
Cherchait des vers ; voici le saint dépôt des lois ;
Ici tomba César ; premiers de notre race,
Ici le glaive en main parurent les Gaulois,

Puis c'est la voie Appienne, où seul arriva Pierre
Pour la tâche où son maître en mourant l'appelait :
Le dôme qui reluit au loin dans la lumière
Prouve que le pêcheur jeta bien son filet.

Et j'adresse un salut à l'immense coupole,
Colosse soulevé par un géant toscan,
Au divin Marc-Aurèle amour du Capitole,
Au divin Raphaël amour du Vatican.

Il faut, à mon retour, ne voir que les Romaines,
Sur le seuil des maisons les beaux groupes vivants,
L'eau s'épancher partout aux bassins des fontaines,
Et le lait abonder aux lèvres des enfants.

Qu'ils sucent ardemment les fécondes mamelles !
Qu'ils vous regardent fiers aux mères appuyés !
Comme ils plongent leurs mains dans les sources jumelles
Comme, vifs et joyeux, ils agitent leurs pieds !

Tableau qui fait rêver le peintre et le poète...
Mais la nuit calme arrive, et je regarde encor,
A travers la campagne endormie et muette,
A l'horizon bleuâtre un beau nuage d'or.

Chaque jour je t'admire, ô nuage tranquille,
Sur le lac de Némi posé depuis un mois ;
Chaque soir je te vois léger, pur, immobile ;
Image de la paix, dans le ciel je te vois.

Oui, ciel inspirateur ! terre de l'épopée !...
Ah ! d'un si beau travail la belle âme occupée
Doit descendre avec moi sur les bords énéens
Où sont marqués les pas des bardes anciens.

Virgile, le saint maître, ici conduisait Dante,
Tempérant de douceur sa vision ardente ;
Des chevaliers chrétiens le poète guerrier,
Tasse offrait son front pâle à l'immortel laurier,
Et le sombre Milton vint y puiser la flamme
Qui, ses regards éteints, illuminait son âme.
Vous donc, bardes futurs, esprits qui chanterez
Les fastes belliqueux et les mythes sacrés,
Ou l'immense nature et la passion libre,
Venez vous féconder aux grandes eaux du Tibre ;
Puis franchissez le pont[1], et, d'anges entourés,
Montez du Vatican les somptueux degrés.
Là, debout sur le seuil, telles que des statues,
Vous attendent trois sœurs diversement vêtues,
Mais toutes trois montrant par l'éclair de leurs yeux
Que leur penser commun va de la terre aux cieux.
Elles vous guideront dans ces chambres sublimes,
Sanctuaire de l'art interdit aux infimes,
Mais où l'extase prend tout généreux mortel
Devant ta divine œuvre, ô divin Raphaël !

Les voici ! la première est la Muse elle-même,
Avec sa lyre d'or. Le feuillage qu'elle aime
A décoré son front ; son pas est si léger
Qu'elle semble vers nous, colombe, voltiger.
C'est que pour s'élever aux sphères éternelles,
La poésie est prompte à déployer ses ailes ;
D'en haut, lorsqu'elle instruit les peuples et les rois,
La divinité même a parlé par sa voix.
Mais, calme, elle s'arrête avec un doux sourire,

---

1. Le pont Saint-Ange.

Et ses beaux yeux tournés vers celui qui l'inspire :
— Dieu jeune, demi-nu, sur le Pinde sacré
Apollon radieux chante comme enivré.
Au bruit de son archet, les verts lauriers frémissent,
Hippocrène s'épanche, et dans un chœur s'unissent
Les neuf savantes Sœurs, mélodieuse cour,
Pour dire leur amant, Phébus, le dieu du jour,
Le dieu de la pensée, ardent et bon génie
Qui lance la lumière et répand l'harmonie.
Pâle, les bras tendus, le sublime vieillard,
Lui-même Homère écoute, et tous les fils de l'art,
Grecs, Latins et Toscans (ô Corneille, ô Racine!
Aujourd'hui vous brillez dans cette cour divine),
S'excitent à monter vers la cime d'azur
Où tout ce qu'ils rêvaient est harmonique et pur.

Chanteurs, ici pourtant la Muse vous confie
A son austère sœur, à la Philosophie :
Ame éprise du vrai, cœur sans illusion,
Esprit toujours plongé dans la réflexion.
Voyez dans son école, immense architecture,
Amis de la Sagesse, amants de la Nature,
Voyez-les, jeunes, vieux, avec sérénité,
Par des efforts divers cherchant la vérité.
Armé de son compas d'où la gloire rayonne,
Sur le marbre Archimède inscrit un hexagone;
C'est le grand Ptolémée, un globe dans la main,
Des astres le premier indiquant le chemin;
Attentif et muet, près de lui Pythagore
Écoute dans les airs leur passage sonore;
Cependant à l'écart, Socrate, pur esprit,
Discute; c'est le cœur de l'homme qu'il décrit :

Sage révélateur, précurseur de l'Idée,
D'un céleste démon belle âme possédée,
Et qui laisse à ses fils Aristote et Platon
Étendre, formuler sa modeste leçon.
O géants du savoir! l'un, par un geste austère,
Se pose ordonnateur des choses de la terre;
L'autre, le doigt levé, signe doux et puissant,
Dit que tout monte au ciel et que tout en descend.

Il est vrai! — Toi qu'un maître appelait Béatrice,
Viens donc aussi vers nous, divine inspiratrice;
Toi qui parles de Dieu dans la langue du ciel,
Dans nos discours humains répands un peu de miel :
La muse nous versa son onde avec largesse,
Nous avons écouté la voix de la Sagesse :
Éclaire nos esprits d'un de tes purs rayons,
Toi qui sais la douceur des contemplations.
Pour les bien admirer, ces dernières merveilles,
O sainte! nous t'ouvrons nos yeux et nos oreilles.
« O mortels! le spectacle exposé devant vous,
Les anges même au ciel l'adorent à genoux;
Sur leurs fronts inclinés ils ramènent leurs ailes,
Tant vives à leurs yeux brillent les étincelles
Qui s'élancent sans fin du mystique froment,
Tant Dieu leur est visible au fond du sacrement!
Ils le voyaient aussi, tous ces fervents apôtres,
Et ces graves docteurs, ces Pères et tant d'autres
Par qui fut d'âge en âge avec force établi
Le mystère divin dans la Cène accompli.
Ici sur un autel, table du sacrifice,
Brille la blanche hostie au-dessus du calice,
Et tous, leur livre en main ou leur tiare au front,

Se consultent encor sur le dogme profond :
La lumière du ciel s'épanche et les inonde ;
Dans les rayons dorés chante la bouche ronde
De mille chérubins, et, volant dans les airs,
Les séraphins ardents prolongent leurs concerts ;
Et plus haut, par-dessus la riante couronne
Et la blonde vapeur qui toujours l'environne,
Dans toute sa puissance et son éternité
Sans voiles apparaît l'auguste Trinité. »

Celle de qui la voix s'élève comme une hymne,
La vierge parle ainsi, puis de sa main divine
Elle vous montre, à vous qui ne parlez qu'en vers,
Le beau temple romain, temple de l'univers.
Saluez les trois sœurs, savantes interprètes,
Et marchons vers Saint-Pierre, ô bardes, ô prophètes !...
Arcades, triple nef et dôme radieux,
Tombeaux des confesseurs qui remplacez les dieux,
Chaire antique, salut ! Des quatre points du monde
L'homme ici vient prier ; l'âme la plus immonde
Y lave sa souillure, et les plus innocents
Sortent fortifiés par l'huile et par l'encens :
Autel patriarcal, sur tes marches augustes
Donne à tous ces chanteurs un sens droit, des cœurs justes,
Des esprits aisément ouverts à la beauté
Pour faire aimer le bien avec la vérité,
Et rends forts, au milieu des obstacles vulgaires,
Ces apôtres de l'art, ces doux missionnaires !

Et toi, l'espoir de tous, élève de mon choix,
Que j'ai conduit rêveur sous l'ombrage des bois,

Plongé dans la cité, bouillonnante fournaise,
Et que j'amène au temple où le trouble s'apaise,
Initié sans mal en tout temps, en tout lieu,
Toi qui sais la Nature, et l'Ame humaine, et Dieu,
Désormais appuyé sur ta force secrète,
Jeune homme, va chanter! Dieu te sacre poète.

NOTE

AUT-IL ajouter une note à cet Essai ?

L'*Art poétique* d'Horace, si élégant, et celui de Boileau, plus méthodique (en apparence du moins, mais d'un plan général et de divisions tout arbitraires), ne sauraient être recommencés : ils ont établi la rhétorique de la poésie. Pour sa philosophie, ils l'ont négligée. Esprits fermes, ils ont voulu avec raison (leur travail était assez grand) se renfermer dans la partie technique. Ainsi l'origine et la mission de la poésie, la nature, l'âme en elle-même (sauf quelques traits excellents d'observation morale), Dieu enfin, sont presque absents de leur livre.

C'est par le sentiment de ces lacunes, non dans l'œuvre des différents artistes, mais dans la théorie, que fut écrit, après d'autres tentatives, le poème de l'*Invention* par André Chénier, et que de nos jours ont paru les délicates Épîtres de M. Sainte-Beuve.

Après la poétique des règles, il restait donc à faire une autre poétique.

Fondée sur les principes des choses, sur le triple domaine de l'inspiration, cette *Poétique nouvelle* cherche les sources mêmes de l'art, naturelles, humaines et divines, lesquelles ne sont autres que celles de la vie. Traité de poésie, elle arrive ainsi, sans efforts, à être un résumé philosophique. Ce qui fait l'homme complet fait le poète, et réciproquement.

Cette vue qui indique les études nécessaires à tout vrai servant de l'art, et signale son importance, suffirait pour justifier notre entreprise.

NOTES

Armôr, et mieux Arvôr, Sur-Mer, ou Pays-Maritime, d'où Armorique.

Arth-Ur, Homme-Ours.

Arz (île d'), Barrière... du Golfe.

Auray, en breton Hall-Ré, Salle ou Palais-du-Roi.

Aven, Fleuve.

Bangor, Chœur-Suprême.

Ben-Vel, Tête-Blonde; à la lettre, Tête-de-Miel.

Breiz, Bretagne, Pays-des-Guerriers.

Brenn, Chef, d'où Brennus.

Brest, Port-de-Bretagne?

Cadou-Dal, Combattant-Aveugle.

Can-Dal, Front-Éblouissant.

Coat-Forn, Bois-du-Four.

Cornouaille. Pointe-de-la-Gaule, *Cornu Galliæ;* en Breton, Kerné, Pays-des-Pointes, des Caps; capitale, Kemper. — Un des quatre grands cantons de la Bretagne.

CROIZIC, Petite-Croix ou Verveine?

DOL-MEN, Table-de-Pierre. — Autel druidique.

EL-LÉ, Eau-Sombre. — Les Gallois écrivent EL-LLOI.

ER-HOR, Le-Nain.

ENN-TELL, Le-Tumulus.

EOSTIK, Rossignol.

FLOHIC, Petit-Écuyer.

GAM-BERR, Marche-Courte.

KELLEC, Entier.

KER-ROMAN, Village-de-Roman.

LÉNA pour HÉLÉNA.

LÉON, Pays-de-la-Légion? — Un des quatre grands cantons de la Bretagne. Capitale, Saint-Pol.

LEZ-BREIZ, Soutien, à la lettre, Hanche-de-la-Bretagne, surnom de Morvan, vicomte de Léon (IXe siècle). Supprimée de la dernière édition d'un précédent recueil, cette pièce, revue et augmentée de quelques vers, a pu trouver ici, parmi d'autres histoires de guerre, sa vraie place. Voir le *Barzaz-Breiz* de M. de la Villemarqué.

LÎ-MUR, Grande-Cour, Grand-Palais.

LÎLÉZ, Couleur-de-Lait.

LOC-MARIA, Ermitage, ou Chapelle-de-Marie.

LOC-TUDI, Ermitage de saint Tudi, abbé au VIe siècle.

LORGNÈZ, Vilenie. — C'est un surnom.

MALÔ, c'est-à-dire, MAC-LAW, fils de LAW. —

Premier évêque de la ville d'Aleth, laquelle prit son nom (VIe siècle).

MEN-HÎR, Pierre-Longue. — Monument druidique.

MÔR-GAN, Né-de-la-Mer. Pélage.

RIO, Royal.

RÎ-WALL, Roi-du-Rempart.

ROZ-VENN, Rose-Blanche.

SCORFF, Eau superflue qui sort d'un étang.

TIEC, Chef-de-la-Maison.

TRÉGUIER. — Ville qui donne son nom à l'un des quatre grands cantons de la Bretagne.

VANNES ou VENNES, en breton GWENNED, Pays-Découvert; à la lettre Pays-Blanc. — Ville donnant son nom à un des quatre grands cantons de la Bretagne, parlant chacun un dialecte particulier.

FIN DU TOME QUATRIÈME.

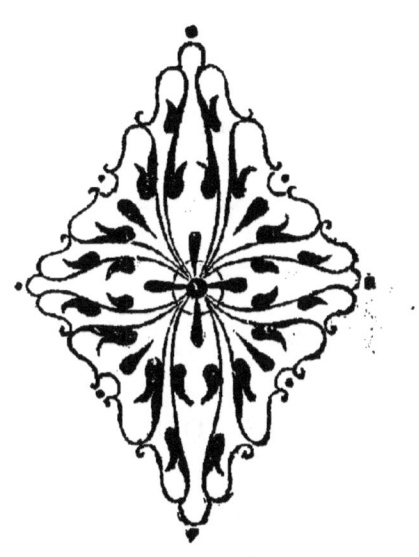

TABLE

du tome quatrième

HISTOIRES POÉTIQUES

LIVRE QUATRIÈME

	Pages.
Les Deux Proscrits	3
Les Écoliers de Vannes	8
La Dame de la Grève	20
L'Élégie de Malo Corret	25
Chant ternaire	28
Adieu	30
La Paix armée	32
L'Élégie de la Bretagne	40
Journal rustique (3e partie)	45

LIVRE CINQUIÈME

Les Celtes	55
Le Combat de Lez-Breiz	57

	Pages.
La Lampe de Tullie	63
Le Barde Ri-Wall	67
La Légende des Immortels	70
Lina	75
L'Éostick ou le Rossignol	81
Rosily	84
L'Artisane	89
La Seconde Vue	94
Les Destinées	99
L'Incendie	101

LIVRE SIXIÈME

Les Hêtres de Lo-Théa	105
Journal rustique (4ᵉ partie)	119

LIVRE SEPTIÈME

Les Pêcheurs	131
La Sirène	144
Le Gardien du phare	147
Les Iliennes	150
Les Deux Marées	153
Les Bains de mer	155
Brita	167
La Traversée	171

CYCLE

PREMIÈRE PARTIE

Harmonies	175
Les Pèlerins	175

	Pages.
Nouveau Proverbe	176
La Couleuvre	176
Les Deux Cierges	177
A Marie	177
La Brahmine	178
A Séléné	178
Tirésias	179
A Vénus	179
Épigramme	180
Prière	180
Aux Précurseurs	181
Canzone	182
Les Vanneuses	182
Amitiés	183
Aux Fermiers de Coat-Forn	183
Un Baptême	184
Les Profanateurs	184
Résumé	185

DEUXIÈME PARTIE

La Descente des Marins	187
L'Arbre du Nord	188
Ternaire	190
Le Roi	191
Camée	192
Notes	193
Marie	194
Symboles	195
A Madame de Lamartine	197
Pour une chère malade	198
La Vie	200
Les Quatre Jérome	201
A Platon	202

	Pages.
Formes et Pensées	203
Réponses	206
Le Hêtre	207
Amitiés	208
A un Poète ami	210
Le Talisman	211
A saint François	212
Un Chateau moderne	213
La Corde d'argent	214
Sur mon recueil de proverbes bretons	215
Symboles	216
Inscriptions	217
Dialogue	219
Les Songes de l'Ellé	220
Le Journal d'Amélie	221
La Ronde sainte	223

POÉTIQUE NOUVELLE

Chant Ier. — La Nature	227
Chant II. — La Cité	235
Chant III. — Le Temple	245
Notes	255

FIN DE LA TABLE DU TOME QUATRIÈME

Acheve d'imprimer
Le trente août mil huit cent quatre-vingt-quatre
PAR CH. UNSINGER
POUR
ALPHONSE LEMERRE, ÉDITEUR
A PARIS

PETITE BIBLIOTHÈQUE LITTÉRAIRE
(AUTEURS CONTEMPORAINS)

Volumes petit in-12 (format des Elzévirs)
imprimés sur papier vélin teinté.
Chaque volume : 5 fr. ou 6 fr.

Chaque œuvre est ornée d'un portrait gravé à l'eau-forte.

*ANTHOLOGIE DES POÈTES FRANÇAIS, depuis le xve siècle jusqu'à nos jours. 1 volume.	6 fr.
*ANTHOLOGIE DES PROSATEURS FRANÇAIS depuis le xiie siècle jusqu'à nos jours. 1 vol.	6 fr.
*BARBEY D'AUREVILLY. L'Ensorcelée. 1 vol.	6 fr.
— — Une Vieille Maîtresse. 2 vol.	10 fr.
— — Le Chevalier Des Touches. 1 vol.	6 fr.
— — Le Prêtre marié. 2 vol.	10 fr.
— — Les Diaboliques. 1 vol.	6 fr.
6 Eaux-fortes dessinées et gravées par FÉLIX BUHOT, pour illustrer *le Chevalier Des Touches*. Prix.	10 fr.
7 Eaux-fortes dessinées et gravées par FÉLIX BUHOT, pour illustrer *l'Ensorcelée*. Prix	10 fr.
11 Eaux-fortes dessinées et gravées par FÉLIX BUHOT, pour illustrer la *Vieille Maîtresse*. Prix.	15 fr.
*THÉODORE DE BANVILLE. *Idylles prussiennes*. 1 vol.	5 fr.
— — *Les Stalactites*. 1 vol. (épuisé).	
— — *Odes funambulesques*. 1 vol. avec frontispice.	6 fr.
— — *Le Sang de la coupe*. 1 vol. (épuisé.)	
— — *Les Exilés*. 1 vol. avec portr. (épuisé.)	
— — *Occidentales*. 1 vol. avec frontispice.	6 fr.
— — *Les Cariatides*. 1 vol. avec portr.	6 fr.
— — *Comédies*. 1 vol.	6 fr.
LOUIS BOUILHET. *Festons et Astragales*. — *Melænis*. — *Dernières chansons*. 1 vol.	6 fr.
*AUGUSTE BRIZEUX. Poésies : *Marie*. — *Télen Arvor*. — *Furnez Breiz*. 1 vol.	5 fr.
— — *Les Bretons*. 1 vol.	5 fr.
— — *Histoires poétiques*. 2 vol.	10 fr.
CHATEAUBRIAND. *Atala, René, le Dernier Abencerage*, avec notice et notes par ANATOLE FRANCE. 1 vol.	6 fr.
*ANDRÉ CHÉNIER. Poésies complètes. 3 vol.	18 fr.
— — Tirage sur papier vergé. 3 vol	18 fr.

Paris. — Typ Ch. UNSINGER, 83, rue du Bac.

www.ingramcontent.com/pod-product-compliance
Lightning Source LLC
Chambersburg PA
CBHW070617170426
43200CB00010B/1816